龍を放つ

シャーマンと哲学者の対話

スピリチュアル・コードⅡ

鶴見明世 × 藤村龍生

Akiyo Tsurumi　　Tatsuo Fujimura

風詠社

はじめに

本書は、２０２２年に羽鳥書店から刊行したわれわれの共著『スピリチュアル・コード――鶴見明世のシャーマン世界』の続篇であり、その意味で『スピリチュアル・コードⅡ』なのですが、出版社の変更にともないメイン・タイトルは『龍を放つ』とさせてもらいました。

『スピリチュアル・コード』の冒頭（「はじめに」）でも述べたことですが、これは、いわゆる「タロット・リーダー（占い師）」として活動している鶴見明世が、その存在の本質において類い稀な、驚くべきシャーマンであること、そのシャーマン世界（Akiyo-World）を、少しでも、人々に伝え、後世に残しておくというプロジェクトの第二弾です。

シャーマン明世は、生まれた時から、われわれの誰もが生きるこのリアルな世界を生きていると同時に、この世界の知覚に重なり合うように、かならずしも本人の意思からではなく、「スピリチュアル」としか言いようのない別の世界――しかもただ一つの別の世界ではなく、多様な多元的な世界――のさまざまなヴィジョンが降りてくるのを経験し続けています。しかも、そのシャーマニズムは、モンゴルをはじめとして世界各国に大昔からある、シャーマンがほかの霊体に取り憑かれる「憑依型」のシャーマニズムではなく、もう一つのいわゆる「脱魂型」のシャーマニズムではあるが、その極限的なタイプであって、実はまったく「脱魂（exstasy）」せずに完全な覚醒状態のままでヴィジョンを視ることができる「覚醒型」とでも言うべき特異なシャーマニズムです。すなわち、たとえば熊の皮をかぶって太鼓をたたきながら恍惚状態でヴィジョンを視るのではなく、巫女となって「口寄せ」をするのでもなく、ふだんの人格をそっくり維持したままでヴィジョンが視えてしまう。ある意味では、鳴りものが入らない地味なシャーマニズム。だからこそ、それに接した多くの人が、あまり特別なこととは思わなかったりする。せいぜい「感度のいい占い師」くらいにしか考えない、いや、それ以上には考えられないのです。

わたし藤村龍生は、それがもったいないと思います。

鶴見明世は、――本書の最後でも語られているように、神仏への敬虔な心をもっていますが――いかなる特定の宗教・信仰にも属さず、また、世界各地のそれぞれの土地に根づいているさまざまな様態のシャーマニズム的文化にも影響されていません。彼女のシャーマニズムは誰かから教わったものではない。彼女には「師」はいない。強いて言うならば、「師」は、彼女が臨死体験をしたときに出会った神「ジャガンナート（世界の主）」なのです（『スピリチュアル・コード』第2部に詳述されています）。しかも、鶴見明世は、「タロット・リーディング」こそ、生活のために、ささやかな報酬をもらってやっていますが、――わたしが知るかぎり――彼女にしかできないさまざまなシャーマニズム、場合によっては命懸けの危険を伴うシャーマニズムをほとんど無報酬で行っています。スピリチュアリズムを使って金儲けをしようとしているのではない。彼女の存在のあり方そのものが、このリアルな世界を超えた異次元的世界へとつながっているのです。

わたしは、そこに、真正の、オーセンティックなシャーマニズムがあると感じます。そして、そのシャーマニズムを通して、リアルな世界を超えて拡がっている、われわれの存在にとってのほんとうの世界のあり方を、少しでも学びたいと思っています。それが、この対話プロジェクトをはじめた動機です。

これは対話です。このことが決定的に重要です。

これは、鶴見明世が一方的にスピリチュアリストとして、まるで教祖のように、Akiyo-World を語るものではありません。また、逆に、藤村龍生が、まるで文化人類学者のように、シャーマニズムという原始的な習俗を観察しようとした記録でもありません。わたし藤村は、アカデミズム世界の人間ですが、強いて言えば「人間とは何か」、「人間にとっての世界とは何か」という問いを問う「哲学者」として、シャーマン明世がかいま見させてくれる異次元ワールドに立ち向かい、それをどう受けとめればいいのか、を考えようとするのです。

二つの異なる世界が、たがいに相手に対するリスペクトをもって、向かい合い、話し合う。人間という不思議な存在、そしてそれと不即不離の広大な世界、その両者の複雑で深遠な関わりをより深く理解するために、徹底的に、語り合うことが重要なのです。

前書『スピリチュアル・コード』の「はじめに」の最後に、わたしは次のように書きました――「それぞれの人にとっての世界の存在の仕方、人間の存在の仕方が、社会のなかで貼付けられたレッテルのようなものではなくて、つねに揺れ動く波のようなものであることが感覚できるかもしれない。そこに〈新しい時間〉が湧き上がってくるかもしれない。そして、もはや〈愛〉という言葉では言い尽くせないような、もっと根源的な、無名の、イノセントな〈いとおしさ〉が立ちのぼってくるかもしれない。それが本書の願いである」

変わることのないこの「願い」のために、この第二の対話が行われたのでした。

藤村龍生

なお、前書『スピリチュアル・コード』の内容は以下のとおりです。

1．鶴見明世の原点、――独学でタロットを学ぶ

鶴見明世の幼年時代を振り返りつつ、タロットとの出会いを語る。さらにタロット・リーディングの実例を通して、タロットがどう働くかを語り、ついには「タロットの起源」をタロットに問うという実験的リーディングを行う。鶴見明世の自作タロットも紹介。

2. 臨死体験、そして四神の世界へ

臨死体験におけるジャガンナートとの出会いを詳述。そして、そこから、鶴見明世が「玄武、青龍、朱雀、白虎」といういわゆる「四神」の世界と深いつながりをもつことが、スケッチもまじえて語られる。もっとも古い〈地球〉の基本神としての「四神」の世界がはじめて明かされる。

3. ヒーリング、世界を舞台として

2006年バーゼルの国際コングレスにおけるシルヴァーバードとの出会い、あるいは2011年のシャフハウゼンの国際ヒーリング・セッションにおける驚くべきエグゾルシズム（悪魔祓い）など、国際的な舞台での鶴見明世の経験が明かされる。西欧的スピリチュアリズムとの最初の出会いが語られている。

目次

装画　鶴見明世
装幀　2DAY

第1部　「人はみなシャーマンであるということに気づくはずだ」

藤村 それなりに紆余曲折もありましたが、われわれの対話が『スピリチュアル・コード』という一冊の本になりました。これが世に出たことによって、もう一歩先に行ける、行かなくてはならないという気持ちがわいてきて、続巻に向けて対話を再開しようと思いました。よろしくお願いいたします。

鶴見 こちらこそ、どうぞよろしくお願い申し上げます。藤村先生はまさに吟遊詩人のように、わたしの拙い言葉を余韻ある世界に拡げてくださいます。対話の再開をたいへん嬉しく思います。

『スピリチュアル・コード』を受けて

藤村 『スピリチュアル・コード』では、明世さんのシャーマン的世界を理解する土台となるようにと、臨死体験なども含めて、幼い頃からの人生のいくつかの決定的体験、これまであまり他人に明かしてこなかったにちがいない、驚くべき体験をいくつも語っていただきました。きっと明世さんをよく知る人でも知らないようなことも話していただいたと思うのですが、それが本となって公開されました。読んだ方々はどう感じられたでしょうか？ そんな反響も含めて、『スピリチュアル・コード』の刊行を、明世さんご自身、どのように受けとめられたか？ そこからまずお訊きしたいですね。

鶴見　わたしにとって、『スピリチュアル・コード』は、とてもデリケートな個人情報のカミングアウトになりました。と同時に、他方では、不思議な義務感と責任感を伴う新しいミッションの開示、そのスタートという感じもありました。伏せたままにしておけば静かに通り過ぎていくことを、あえて発信していく覚悟について自分でも深く考えました。

でも、正直なことを言うと、とても不安でした。親しい人たちにも、わたしの独自のシャーマニズムに関してまったく話しておりませんでしたし、わたしを支持してくださる方々に迷惑がかかったりしないだろうか、と心配もしました。そのことは藤村先生に対しても思いましたね。先生にはご迷惑をかけないようにしたい、と。

それでですね、ふだんはそういうことはまったくしないんですけど、自分で自分をリーディングしてみたんです、タロットで。「『スピリチュアル・コード』を刊行して、とんでもないことにはなりませんか？」と訊いてみました。その答えは、「何をいまさら。（この問いに）答える必要はないな。するべきことをするということだ。既成概念で区切られた時間内の結果などは結果ではないのだから」というものでした。自分をリーディングする場合は、ぎりぎりまでシビアに読むのが鉄則ではありますが、何もここまで……厳しいなあ、みたいな感じです。だから自分のことはほとんどリーディングしないのですけれど。

藤村　えっ、それは知りませんでした。リーディングなさったのはいつ頃なのですか？

鶴見　原稿（前作『スピリチュアル・コード』）の校正がすべて済んで、いよいよこれから印刷所に回すという時期だったので、2022年1月中旬頃だったと思います。

藤村　そうですか。その答えですが、きびしいですかね？　そのメッセージは、送り主がわかっていましたか？

鶴見　文章になると、あまりきびしい感じはしないかもしれませんが、実際にリーディングしている時には、まったく取り付く島がない雰囲気が漂ったので。どこまでも淡々としたこの超客観性からすると、玄武《げんぶ》（中国の伝説上の神獣）からの応答かなあと思いましたが……。

藤村　うーん、まさに玄武が中心である四神の存在についての開示を行ったのが、あの本のいちばん大きなミッションだったわけですから、その意味では、もちろん明世さんとわたしの発意からつくった本ではあるけれど、背後には、玄武の「意」が働いているということでもありますよね。だから、玄武が応答することになったのかな？　いや、ごめんなさい、わたしの癖ですぐこう始まってしまうのですが、なかなか示唆的なリーディングだなあ、と思ったんですね。つまり「本は進行している、すでに賽は投げられた、いまさらなにを言っているのだ、それがどのような結果を生むか、については、人間が考える狭い時間概念では、はかれないのだ。だから覚悟を決めなさい」と告げているわけですよね？

鶴見　はい、そのとおりです。

藤村 で、実際に、刊行されて、すぐに読んでくださった方がたくさんいらっしゃると思うのですが、反応はどうでした？

鶴見 はい、実際、発売のだいぶ前から注文をして、すぐに読んでくださった方もたくさんいらしたのですが、そういう方から、こちらが思いもしなかった非常に良いフィードバックを頂きまして、とても感動しました。「世界観が壮大なスケールでびっくりしました！　でも、違和感がないのは、鶴見さんが語るスピリチュアルな世界がきっと『在る』からなんですね！」という感想とか、いろいろですが、全体として、とてもポジティブに受けとめてくださって。たまたま本をネットで見付けて読んでみた、という読者からもそのようなご感想が届いたりしています。「あまり驚かなかった、だって鶴見さん、一般的なリーディングしないですものね」、「世界はやはり不思議に満ちていてよいんだ、と納得しました」、「さもありなん、だって鶴見さんだものね」とかもありました……ありがたかったです。

藤村 なるほど。それを踏まえて、明世さんとしては、この続巻で、今度は、Akiyo-World のどういうステージを中心的な問題にしたいとお考えでしょうか？　語っていない事柄はたくさんあるでしょうから、方向性を決めるのは難しいかもしれませんが……。

鶴見 そうですね、「『わたしの青龍』さんは、どこに行ってしまったのですか？」という質問をたくさん頂きましたので、それはいつか、お話ししていきたいと思っておりますが……それは別にして、やはりクライアントさんから多く受ける質問ですが、みなさんがいちばん関心があるのが「生老病死」とその理由というか、つまり因果、宿命、運命、祈りと願いなどについて、わたしが語れることを語らなくてはいけないという気持ちがしています。もちろん、これについては、いろいろな宗教、スピリチュアリズムでも語られているわけですが、そこで語られたものとは、微妙に異なるわたしの『神曲』世界のようなことを少しは明らかにしなければ……と。とても難しい分野であることは承知しているのですが……。

藤村 やっぱりそうですか。じつは、わたしも似たようなことを考えていました。人間にとっては、やはり「死」が最大・最強の問題なわけで、すべてはそこにかかっているとも言えるので、すでに臨死体験なども語っていただいていますので、それを踏まえて、「死の彼方」に踏み込んでみるというのはスリリングですね。そうしましょう。

でも、その前に、ウォーミングアップも兼ねて、今回もやはり、Akiyo-World の基盤であるタロットについて、もう一歩踏み込んでみたいのですが……そして可能であれば、前回と同じように、かならずしも個人的ではない問いをタロットにぶつけてみて、リーディングを共有したいと思っているのですが、いかがでしょう?

鶴見 はい、ありがとうございます。今回もどうぞ、よろしくお願い申し上げます。

タロットのメカニズムを問う

藤村　では、明世さんはお嫌《いや》かもしれないけれど、こういう機会ですから、あえて誰も問わない問いを投げ出させていただいていいかしら？　それは、明世さんご自身は、どういう「メカニズム」――という言葉が成立しないということはわかっているのですが――で、タロットが機能するのだと考えているのかしら？ということものです。

たとえば、先ほど出てきた「『スピリチュアル・コード』を刊行して、とんでもないことにはなりませんか？」とタロットに問うとします。実際にどうなさったかはわかりませんが、はじめに大アルカナ22枚を揃えてから、シャッフルするわけですよね。シャッフルするということは、訊いている人の意思が影響しないように、完全に偶然の結果であるようにするということ。問う意思は明確なのだけど、しかしカードを偶然に委ねる。すると、それをスプレッドした、たとえば7枚のカードの配列が、その問いに対するなんらかの「答え」をもたらしてくれる。もちろん、その「答え」をちゃんと読むためには、それなりの知識も経験も、いや、もって生まれた才能も必要なのですが、そして「答え」も、読み間違いもあるでしょうし、読む人によって違ってくるのだとも思いますが、とりあえず明世さんのようなスーパー・リーダーの場合と限定した上で、いったいこのとき、どのようにして、「答え」がもたらされると考えたらいいでしょうか？　それとも、こういうことは、考えてはいけないことかしら……？

鶴見

そうですね、たいへん難しいご質問ですね……でも、そう言われて、ふっといま、頭に浮かんだ事例がありますので、それをお話ししてみようかしら……。

もう10年以上も前の事ですが、その日は朝からあまり、体調が良くなかったのです。だるくて熱っぽい。でも、咳などは出ないので、風邪ではないな、予約も入っているからと、いつものようにオフィスに入って準備をしていました。でも、熱があがってきたのがわかり、午後からのクライアントさんには連絡をして、別の日に振り替えのお願いをしました。わたしはわりと熱には強いのですが、尋常ではないかなという状態。そして、連絡が間に合わなかったクライアントさんがみえた時には、すでに頭は朦朧として座っていることすら辛い状態でした。

クライアントさんに「ごめんなさい、じつはちょっと体調よくなくて、リーディングにもキレがないかもしれません」と申しましたら「構いませんよ、少しくらいキレがなくても、とにかくみてください」と言うのです。それではとリーディングを開始したのですが、のろのろとした動作で、なんとかカードをスプレッドするまでは出来たのですが、やはり読めないんです。断片的な単語は浮かぶけれど、考えをまとめて文として構築していくことができないんです。

困り果ててしばらく沈黙していましたら、突然、スプレッドしたカードがほんわりと光りはじめたのです。すべてのカードが柔らかく光り出し、それぞれのカードの上に角が丸みを帯びた正方形の記号のようなものが浮かび上がってきました。それは、マヤ文字とインダス文字を組み合わせたような形だったのです。

すると、並んでいるカードがまるで「この順番に読むんだよ」というように光が強くなり、そこに浮かんでいる記号に白く強い光が走るんです。それを見ながら「ああ、ありがとうございます、教えてくださって。でもごめんなさい、わたしにはこの古代文字のような記号は読めません、残念です」と心の中で思っていました。ところが同時に、なんとわたしはクライアントさんにするするとリーディングを開始していたのです。問題なく話している、質問にも答えている。そしてしばらくしたらカードが光らなくなり、「今日はここまで、これ以上は出ませんから」とクライアントさんに告げている自分がいました。クライアントさんも納得してくださってお帰りになり、わたしもまるで這うようにして帰宅して熱を測ったら41度近くありました。すぐに病院に行ったら腎盂腎炎《じんうじんえん》と診断され、それからしばらく寝込みました。

その時に、リーディングを成立させるのは自分自身だけの力ではないということを思い知りました。つまり、ある手順を実行することにより、その人を取り巻く様々な要素、それはエネルギーだったり時間だったりするのですが、ほんとうに様々な要素がなにか化学反応のようなことを起こして「その人の世界」構造の〈数式〉が表される。それを、わたしはタロットという触媒を使って、時空に反応させて、導き出されたその〈数式〉をタロットの配列から読みこみ、言語化しているのではないかと。〈数式〉の現れ方はある程度、場所（地域・国）、クライアントさんのタイプもしくは質問の内容などによりちがってくるのだと思いますが、原理的にはこのようなに機能していると思っています。

藤村　うーん、そう来ますか……ちょっとすぐ反応できないのですが……というのも、わたしのほうは、明世さんがおっしゃる「手順」を通して、しかしあくまでも偶然にまかせることによって、はじめて自分の「いまの意識」を超えたなにかにアクセスできるみたいなことを考えていたからですね。易占だって、ケルトのルーンだって、神社の御神籤だって、占いは、自分の心とか、思いとか、をいったん停止して、偶然にまかせるというか、世界がなんと答えるのかをきいてみるということではないか……そんなことを思っていたんです……そうしたら、明世さんからは、――一挙に核心というべきかな？――タロットは、ある意味での〈数式〉を通して答えてくる、という答えが返ってきました。しかも、その〈数式〉は、「マヤ文字とインダス文字を組み合わせたような形」でもあった、と。これなんか、最初の巻でタロットの起源が問題になったときに、「とても古いふるい知にまで遡る」となったこととぴったり対応していますね。でも、不思議なのは、そのカードが光るということですけど……カードそのものが光を発するということですか？

鶴見 もちろん偶然にまかせると申しますか、偶然を最大限に活用するのがタロットの真髄であることは確かです。カードが光ったのは、わたしにとってはそれが最初で最後のことであると思います。カード全体が発光体のような感じ、シャープなＬＥＤ的な光ではなく、白熱球の光のような感じです。

藤村 つまり、カードのほうが、「まずこのカードから情報をとりなさい、つぎはこのカードだ……」と指示してくれていて、しかも明世さんご本人は頭がぼんやりしたままなのに、クライアントさんには、「この件は、早晩、これこれとなりますから……これこれのことには気をつけたほうがいいですよ……」なんて語っていたということですか？

鶴見 はい、脳全体はちゃんと稼働していない自覚がありましたが、そのほんの一部分だけは活動していて、そこがすべての脳機能を補っている感覚がありました。それで、どうせ目の焦点もうまく合わないようなので、その焦点という意識を、脳のそのわずかな稼働箇所に向けてみよう、と咄嗟に思ったんです。すると意識は混迷しているのに、会話が成立し始めた。「会話」の能力が快復した、というより内蔵されていた「光通信版会話システム」のスイッチが入った、という感じがしました。

説明不足だったかもしれませんが、完全に無意識状態に陥り、何かに乗られたり、操られたりしてカードを読んでしまったというわけではないのです（その時、リーディングした内容を克明には覚えてはいませんが、お子さまの中学受験に関する質問でしたね。受験する学校それぞれの合格率とか、それを踏まえて、何日にどこの学校を受験するスケジューリングにするか、といったことでした）。

藤村 そのようにカードが光るとか、よくあることなんですか？

鶴見 いえ、わたしにはその時だけです。のちにはそのような経験はありません。でも、多くはないですが、お弟子さんのなかには「カードがこれを引いて、というように光るんですよ」と言う方は何人かいます。聞くと、みなさん、毎回光るわけではないとおっしゃいます。

藤村 そして、もう一つ、どうして明世さんは、そこで〈数式〉という言葉を使うのかしら？　つまり、その〈数式〉的なものを、明世さんは人間に通じる言葉に翻訳しているということかしら？　しかも、ご自分は高熱で頭がふらふら状態なのに、まるでコンピューターの自動翻訳のように翻訳できてしまうと……まさか、かえってそういう状態のほうが、スムーズに翻訳できるなんてことはないですよね？　夢現状態のほうが、人間的な遠慮とか気遣いとかがないだけ、すっきり翻訳できるとか？

鶴見 〈数式〉と表現しましたのは、その言葉が複雑な物事の「成り立ち」をわかりやすく構造解説していると思えるからです。わたし自身は、数学はまったく苦手で、全然わかりません。ですから、〈数式〉の理論に注目しているわけではないのですが、〈数式〉は、その構造内の「流れ」が美しく、しかも必要なすべての情報を含む、と捉えています。それが、記号と数字でなく、文字列変換になると文学的な〈詩〉という体系になるのかな、と思いますけど……。

　わたしは「その人の〈存在〉という〈数式〉を人間言語に翻訳しているのですか」と問われたとしたら、「はい」と答えます。しかし、自然言語は複雑でありながら偏りがあり、重なる情報、異なる情報と同期したりします。〈数式〉にはそのような偏りがないので「端的な存在」が表されているように思います。そうですね、たしかにコンピューターの自動翻訳にシステム的に似ているように思えてきました。でも、本来は「翻訳」とはじつに人間的な繊細な作業ですね。夢現リーディングは、可能だとしても、あまり人間的ではない。だから翻訳する側としてはとくにスッキリはしないなあ、という感じかな。わたしはこの人生、いつも他者への遠慮とか気遣いというものといっしょに過ごしてきているので、そういうクセがあるせいかもしれませんが……。

藤村　正直、よくわかったとは言えないのですが、いずれにしても、タロット・リーディングにおいて起っていることが、どこか、ヒューマンとしての明世さんの意識を超えた、ある種の……異次元的な、そうそうＡＩ（artificial intelligence：人工知能）ではなくて、ＳＩ（spiritual intelligence）のようなものと接続して、そこから自然言語とはちがう形のアルゴリズムが流れてきているのを翻訳して伝えている、という感じですかね？

鶴見 はい、正しく、そのとおりです。

藤村 そして、もちろん1枚1枚のカードはたんなる文字ではなくて、それだけで一つの「世界」なのでしょうけれど、文字を並べていくと「語」が現れてくるように、そして同じ文字のセットでも、順序が違えばまったく違った「語」になるように、並べる順序がとても重要で、だからこそ、さきほどのケースでは、カードそのものが「まず、ここから読め！」と指示してくれているということですかね？

鶴見 ますます、そのとおりです。スプレッドには本当にたくさんの種類があり、その並べ方だけではなく、カードを置くポジションにそれぞれ意味があります。たとえば、「カード1枚目は現在、2枚目は過去、3枚目は問題点……」というような端的な意味合いの場合もありますし、クロウリーの場合のように「1枚目は6枚目に呼応しながら、じつは5枚目の配下にあたる」というような難解すぎてそこから先に行けなくなるようなスプレッドもあります。

また、クライアントさんが質問を正直に言わない場合もありますね。聞きたいけど詳細は言いたくない、というような……。そういうケースでは、並べられたカードが一見、非常にまとまりがない感じになりますので、フレキシブルにカードをたどらないと読めなかったり、とか。

ですから、リーディングの際は読み始めるときに、どのカードから得るイメージを優先するか、が非常に重要なんです。最初のとっかかりが一番の難関、そこにヒントを貰えるのは、読み手にとってはありがたいことです。

藤村 つまり、この場合、タロットのシステムのほうが、明世さんの受信翻訳装置がうまく機能しないことをわかって、親切にも「とっかかりはこれだよ」と教えてくれている、そういう（人間の言葉にすれば）「配慮」をしてくれるということですか？　いや、わたしのほうは、「偶然」ということに深い意味を見出そうとして、こういう質問をぶつけてみたんですけれど、やはりそういう常識的な考えではわからない事態になっているということですね。

タロットの答えが当たらなかったケース

藤村 となると、結局は、同じ種類の質問なのですが、もう一つ訊いてみたいことがあって、これも明世さんには嫌な質問かもしれませんが、そのようにして得られたタロットからの応答が、当たらない、というケースについてです。明世さんは、『スピリチュアル・コード』の最初の対話で、「タロットはけっして間違えない」と言ってらして、わたしには印象的、いや、衝撃的でした。つまり「間違えるとしたら、タロットではなく、わたしです」みたいなニュアンスを感じたからなのですが、現実には、やはりリーディングで提示された事態が、結局、起らなかったということはあると思うのです。

鶴見 はい、あります。

藤村 もちろん、その時機がずれたということもあるでしょうし、まったく別の出来事が起きたということもあるでしょう。さすがの明世さんでも、すべて完全に100パーセント予言できたということはないと思うのですが、わたしが知りたいのは、そのようなときに、それをどのように考えていらっしゃるか、ということです。

鶴見 そうですね、原因として二通りあると思います。一つは、僭越ながら、クライアントさんご自身に問題があるケース。もう一つは、根底にある問題をわたしが読みきれなかったケースです。

クライアントさんご自身に問題があるケースは、たとえば、恋愛のことでリーディングにいらしたクライアントさんのケース。リーディングの結果、「あなたより彼のほうが熱心ですね、こんなに素晴らしい女性はいない、と強く思い生涯大事にしたいと思ってくださっているようです。よかったですね。結婚もこのまま進んでいくでしょう、彼からプロポーズしてくださいますよ」とお伝えし、クライアントさんはとても喜んで帰られた。

しばらくして、そのクライアントさんがみえて「婚約までしましたが、彼から言われて破棄になりました。どうなっているんですか？　彼は生涯、わたしを大事にしてくれるはずでしたでしょ?」と。「それはすみません、リーディングしてみますね」……「あらら、あなたはプロポーズされたのに、他の男性と遊び回っていらして、それがバレたみたいですから、婚約破棄も致し方ないかと思います」と。すると、クライアントさん、「あら、やっぱりバレていたのね。でもね、鶴見さんが『生涯大事にしてもらえる』と言ったから安心して、独身時代は楽しまなくちゃと思っただけですから。それだけで、こんなに人生って変わってしまうんですか? リーディングが変わってしまうんですか?」と。この場合は、リーディングを違えたわけではなく、クライアントさんが慢心から状況を壊したわけですが、結果としてはハズレた、ということになりますね。

もう一つのケースは、スピリチュアルが影響して、カード自体がその影響を受けてきちんと作動しない場合です。それは、クライアントさん自身の信仰が影響する場合もありますし、ネガティブなエネルギーの場合もあります。そのような場合は、スピリチュアルなエネルギーへの耐性が強いカードに替えて、読み直したりします。しかし、こういうケースは大抵の場合、クライアントさんご自身が「もうリーディングは結構です」と打ち切ったりします。結果、中途半端に終わり、結果としては、ハズレたことになります。

藤村　これもまた、わたしとしては、そう来ますか!とうろたえるんですけど……どう反応したらいいのかなあ……まず最初のケースですけど、わたしは天の邪鬼なので、なぜか、そのクライアントさんに「ブラボー！　よくやった」と言いたいかな？

鶴見　えっ、そうなんですか、どうしてですか？

藤村　だってこの人、リーディングでその相手と結婚する「運命」がしっかりと示されたのに、それなら、「わたしはそれまでわたしの自由を行使するわ」、とほかの男と遊び歩いていた。つまり、この人の心は全然、結婚という「運命」を受け入れていなかった。だからリーディングの結果に責任をとらなかった。自由に走った。まあ、自分勝手というだけの自由なんですけどね。そうしたら、ちゃんとその自由意志の方に現実は動いた。ほら、「運命」より君の「自由」のほうが強力じゃない？ということになったわけですよね？

鶴見　そうですね……そう言われましたら、確かに、と思います。わたしは彼女を「自分を過信するタイプ」と思っていたのですが、そうではなくて、運命と自由を天秤にかけていたわけですね。

藤村　わたしみたいに多少、哲学的思考をする人間だと、リーディングが伝える「未来」は、完全にフィックスした未来ではなくて、そこでは、まだ人間の自由意志が介在する余地があるということが、ちょっとおもしろいんですね、すみません。だって、すべてが１００パーセントの確率で起るとしたら、そこには自由はないことになるけれど、このクライアントさんは、ちゃんと人間は自由であることを証明してくれた、と。だから、「ブラボー！」と言ってみたわけです。

鶴見　「自由の女神」というわけですね。

藤村　いや、もちろん「皮肉」なのですが、いずれにしても、リーディングが示すことは、どんなことがあっても100パーセント絶対にそうなるということではなくて、そうなる動きがここにある、いまのケースで言えば、「その人と結婚する動きがすでに起っている」ということですよね。でも、その人の心がその動きにそっていかないとすると、途端に、現実には別の動きもまた起ってくる。

鶴見　はい、そうなんです。それは日々、リーディングしていて実感しています。

藤村　すみません、わたしにとっては、これはとても重要なポイントなんです。つまり、わたしは、原理的に100パーセント絶対の確率ですべての占いがあたる世界を望んでいないんです。むしろ、自由もあり、偶然もあり、さまざまな動きがあり、われわれの未来は100パーセント確定しているのでは全然ないと思っています。わたしは決定論的な立場をとらない。世界は本質的に確率論的だと思っているんです（だからこそ「占い」こそ、逆説的だけど、本質的でもあるんです）。だから、このことがとても気になるわけですね。

　そして同時に、占うということは、それ自体が、一つの……なんて言っていいのか、こういう言葉ではいいたくないのですが、仕方がない、まあ、「責任」でもあると思うのですね。占いを望んだ以上、そして答えをもらった以上、そのことに対して、「責任」は強すぎるとしても、関わりがあるということですね。占いって「エンゲージ」すること。みんな、それをよくわかっていないで、軽い「お遊び」みたいに思っているけど……だって、占いが可能であるということは、それを訊いている人の存在がどこかに、たとえば先ほどのSI（スピリチュアル・インテリジェンス）にすでに結びついているということですよね、だから、その後に、そこで提示された結果を望んでいないような行動に走れば、それによって結果は変わってくる。

鶴見 それを、まるで自分とはまったく関係のない、たとえば「1＋1」が「2」であるというような、人間の意識や行動を排除した、いわゆる純粋に客観的な答えなんだと誤解すると、大きく間違えるのではないかなあ、と思うんですけど、こういう考え方、明世さんからすると、おかしいですかね？

藤村 いいえ、的を射ていると思います。それが真実です。

とすれば、これも、まるで余計なことかもしれませんが、たとえば、そのクライアントさんの場合ですが、そのときスプレッドされていたカードのなかに、真面目な明世さんにはよく読めなかったカードが1枚あって、それは……（わたしにはわからないけど）たとえば、逆立のⅥ（愛人）だったり、XV（悪魔）だったりするかなあ？……「あなたがあなたの欲望の奴隷にならなければね」みたいな意味だったりしないのかなあ？　なんて想像しますけど……偉そうですみません……。

鶴見 リーディングしているところを天井裏から眺めていらしたような感じですね。確かに、はっきり覚えているわけではないのですが、そのような認識があった、つまり「リーディングを遮るような、まったく異質な主張をしてくるカードが出ていた」ように思います。ただ、それを突き詰めて読むことはしなかったですね。そういう場合は、わたしは「暗転」という表現を使うのですが、ある時突然に、まったくすべてがうまく回らなくなることがあるんです。そのような「暗転」の場合は「読めないカード」が頻出するようになります。カードからの警告ではないか、と考えています。実際の「暗転」を引き起こさないために、異質に感じるカードをあえて読まない場合はあります。それにしても、「あなたがあなたの欲望の奴隷になる」とはとても素敵な詩的な表現ですね。

藤村 ありがとうございます。「自由の女神」にして「欲望の奴隷」という二重性ということになるのかもしれませんね。

で、もう一方のケースですが、これは、タロットが、さきほどの言い方を使えば、SIと接続することを、なんらかの他のスピリチュアル・エネルギーが妨害するということですね？

鶴見 はい、そうなんです。わたしには、そう感じられます。

藤村 これも、わたしはどう考えてよいのか、よくわからないのですが、これも乱暴に反応してしまえば、われわれは誰もがスピリチュアルだよね、ということかなあ？ もちろん、強い信仰をもっている方は、それを極限にまで押し進めているわけでしょうけど、そうでなくても、本人が宗教的ではないと思っていても、じつは、さまざまなスピリチュアルなエネルギーを受けてしまっている。人間は本質的にスピリチュアルですよね？

鶴見 はい。

藤村 もちろん、スピリチュアルな力を発揮することに関しては、多くの人は、――わたしもそうですが――まったく無力で、とても明世さんのような超人的なパワーには比べようもない。そこにはまったく桁ちがいの能力の差があるわけですが、そのような力を受けてしまうことに関しては、みなさん、気がつく、つかないは別にして、じつは、いろいろな力を被っているわけですよね？　わたしは、誰もが、眼に見えない複雑なスピリチュアルな力を受けながら生きているように思えるのですけれど……。

鶴見 はい。わたしは、だからこそ「祈り」というごく自然な、根源的な「所作」が人間には本能的に備わっているのかなあ、と思っています。

藤村 「祈り」ですか……なるほど。でも、「祈り」というのは、ある意味では、自分が徹底して無力であることが心底わかったときに発動しますよね？　でも、スピリチュアルな世界をもとめる人の多くは、自分の「祈り」ではなくて、なにか特別なパワーが自分の願いをかなえてくれるという安易な「他人頼み」になってしまうことが多いのではないかしら。自分のスピリチュアリティを信じるのではなくて、外の「力」をただ利用するという、結局は「欲得」に走りますね、まあ、仕方がないのではありますが……だって自分ではどうしようもないから「祈る」わけだけど……とても難しいのですが……たとえその望む結果が得られるわけではないとしても、それでもその「祈り」はスピリチュアルなものとして「意味がある」というのかな……「無意味の意味」と言ったらいいか……「当たる」「当たらない」というのがまさにそうなんですが、われわれ地上の人間は、この世界で「結果が出る」「目的が達成される」「願いがかなう」みたいなことに徹底して縛られているわけだけど、スピリチュアルなことというのは、じつは、わたしはそのようにだけ存在しているわけではないという、目的・結果・願望などを超えた広がりをもって存在していることを教えてくれるように思いますね。

鶴見　はい、まったく同感です。「願い」と「祈り」との違いですね。それは非常に大切な認識であると思います。

タロット・リーディングをやってみる（1）本書の刊行について

藤村　というわけで、タロット・カードの紹介ではなくて、それが機能する仕方について少し対話をさせてもらいました。ほんの「とば口」のところをうかがっただけなのですが、この対話の慣しとして、実際にスプレッドをやってみようと思うのですが、どういう仕方でやりましょうか？

鶴見　それなら、まずは、藤村さんが実際にやってみたらどうでしょうか？　タロットに問いを投げて、それを「読んで」見る。もちろん、藤村さんが本格的にタロットを勉強なさったわけではないことはわかっていますが、それでも手もとにおいてずいぶん親しんでくれてもいらっしゃるので、そういう方にスプレッドがどう読めるか、ためしてみてもいいじゃないですか？

藤村　そうですねえ……おもしろいかな？……でも、わたしの信条ですが、占いは遊び半分はだめで、真剣でなければならないので……といって、いま、結婚したい相手がいるわけでもないしなあ（すでに結婚してますし）……そうだ、それなら、いま、いちばん真剣になれるのは、はじまったばかりのこの『スピリチュアル・コード』第2巻が今後、どうなるのか、かな？　ちゃんと本になるのか？と同時に、内容についても、なにか気をつけたほうがいいことがあるのか？　どういう展開になっていくのか？……そういうことを訊いてみたらいけないかしら？

鶴見　いいですね、おもしろい。賛成です。やってみましょうよ。

藤村　その結果を、ここに正直に公開し、そして、うまく出版にこぎつけられたときには、最後に、二人で振り返ってみましょうか？「現在進行形」の対談にふさわしいですね。やる気になってきました。これは、カードは、やはりミケランジェロでしょうね？　そして、スプレッドはどうするのですか？

鶴見　そうですね……いろいろなスプレッドを選択出来ますが、このケースは、「物事の全体的な動きと要因を安定して把握できる」ということで、ピラミッド・スプレッドが適しているかな、と思います。

藤村　小アルカナと大アルカナを全部いっしょに混ぜてシャッフルしたものから10枚を引いて、それをピラミッドのように下から4枚3枚2枚1枚と並べるものですね。これは、一般的な、伝統的なスプレッドなんですか？　それとも明世さんのオリジナルなのかしら？

鶴見　似ているスプレッドは既存でたくさんありますが、リーディングの方法としてはわたしのオリジナルです。

藤村　小アルカナと大アルカナを混ぜるというのは、どういう意味があるのでしょう？

鶴見　一般論として、大アルカナはマクロコスモス、小アルカナはミクロコスモスをあらわす、とされています。その両者をまんべんなく混ぜる事により、そこに「新しい宇宙（世界）」が生じるわけです。そこからランダムにカードを10枚ピックアップするわけですが、その「偶然の選択の行為」を通して「その問いに関する世界の本質、その在り方」が導き出されると考えています。

藤村　偶然を通してこそ、その問いがはらむ世界が現出するというわけですね。では、シャッフルしますね。

〔藤村は、大アルカナ・小アルカナをよく混ぜ合わせて、テーブルの上に広げられたカードの群から、10枚のカードを取り上げる。そして、それを、4－3－2－1の順に下から並べていく。そしてカードをあける〕

鶴見 ピラミッド・スプレッドの場合は、逆立のカードも順立に直して並べます。

藤村 順逆の区別はしないということですね。はい。こうなりました。

鶴見 はい。それでは、まず大アルカナが何枚、どんなカードが出ているかを確認してください。そして、このピラミッド10枚のうちで、どこか気になるカード、あるいは自分の意識が寄っていくカードがあるかに注意してください。

藤村 読む順番が決まっているわけではなくて、その場その場でこのピラミッドをどう読むかを自分で感じとるわけですね？

鶴見 そうなんです、それがいわば、「鶴見オリジナル・リーディング」というわけです……では、藤村さんがどうお読みになるか、言ってみてください。

藤村 （しばらくカードをみつめていて）そうだなあ……わからないのですが、このピラミッドを時間的に先に進んでいくというように読むのか、空間的に「いま」の状況と読むのかで大きくちがってくるように思います。でも、この場合は、後者で、「いま」のわたしにとっての「スピリチュアル・コード」第2巻の状況ということかなあ？……最下段の4枚、これはやはりピラ

「こうなったら、やるしかないだろう！」

ミッドの土台という感じがして、そこに大アルカナが2枚出ているのですが、これは、XVIIがわたし藤村で、その横のIが「魔術師」ですから明世さんで、つまりこの本の著者二人と読みます。この基礎に関しては、ほかのカードもカップ10とコイン4ですから、これもわれわれの「願い」でもあるということで、かなりしっかりしている。問題はないという感じがします。

その上の第3列ですが、下のカップとコインが今度はエース（1）とキングと続いてあがってきているのだけれど、右横のもう1枚の大アルカナXIIは「逆さ吊り」ですから、ここに来ると、かならずしも「問題」や「困難」がないわけではないようですね。

鶴見 ですが、やはり気になるのは、最上段とその下の2枚、とくに小アルカナでソード7があらためて「困難なしではない」ことを告げているように思います。そして一番上のカップ4。樹の下で頬杖ついて物思いにふけっている、迷いがあるというか、「どうしようか?」と。まあ、言ってみれば、これがいまのわたしの姿かもしれないなあ、と感じました。すみません……特に小アルカナのそれぞれのカードの「意味」について知識があるわけではなくて、絵柄を見ながらの印象にすぎないのですが……まあ、全体としては、「不安なしではない出発」かなあ?最上段はカップ4、ソード7、コイン10になりますね。カップ4は一般的には「決められない状況」を表します。悩ましい、判断がつかない、不安、そのような精神的な迷いです。ですから、藤村さんはカードの本質をきちんと把握なさっておいでです。ここでやはり気になるのは、小アルカナの中でも非常に読み方が難しいソード7が出ていることです。このカードは「駆け引き」や「詐称」などを表していてネガティブ・カードとして捉えがちなのですが、つまりは、この状況下で何らかの知恵がスパイスとして必要であり、時によりそれがアグレッシブな行為として展開する、という意味合いとなります。コイン10は「経済的な安定」を表しますが、「血族」を表す場合もあります。パーツ的に意味を考えると「てんでんばらばら」というイメージを受けてしまいますが、「迷いがあって当然だ、何かを決めるのはあなたではない。あなたは知恵の血族、つまり『知識を共有するチーム』を形成していくのだから、とにかくアグレッシブに動いていくしかない」と、わたしはリーディングしますね。つまり、タロットはお尻を叩いているわけですね。「四の五の言わずに、とにかく次に進んで新たな知識を伝えていきましょう」と。

藤村 そうなんですか。つまり、一番上のカップ4の「物思いにふける悩める男」がわたしだとすると、ソード7の「何本も剣をもってほかの人をかばっている半裸の女性」が明世先生、あなたで、この存在が「大丈夫よ、わたしがいて護るんだから、ガタガタ言わずに仕事しろ！」とハッパをかけているというわけですね？

鶴見 そのとおりです！とは、あまり言いたくない気分ではありますが……そう、意味合いはまちがってないいんですが、わたしのセリフというか、性格的な描写としては違うような……うーん。

藤村　はい、はい。わかっております、ちょっとアクセントつけてみただけですから……その上でですが、このスプレッドを、上下の運動みたいなものとして把握しようとすると、わたしには、10－1－4と続くカップと4－キング－10と続くコインの二つの運動が螺旋状に絡み合っているように見えるのですが……強いて言えば、カップは4から10へと降りていく、コインは4から10へと昇っていくみたいにね……遺伝子みたいに「二重螺旋」とか言いたくなりますが、いずれにしても、カップ系列は、いまは樹の下で迷っているかもしれないが、最後には大きなカップ（Ace）が来てちゃんと「10」で本が誕生しますよ、と……そして、コインの系列の方は、経済的には、最初はいろいろ心配（4）もあるけれど、なにか「キング」の支援みたいなものを受けて、最後には「10」で安定しますよ、問題なしだな、みたいな……。

鶴見　コイン4ですが、「固執する」、また「利潤を得る」という意味があります。経済性と生産性を表します。だから、あえて添えさせて頂けたら、カップから導き出される「書籍」という成果が、利潤の追求のための要素（コイン4）ではなく、キングの自己認識や、気付きという要素を加味しつつ、「多様な発展」（コイン10）を促していくと読むことができるかと思います。

藤村　なるほどねえ……ともかくとてもポジティヴな方向が出たということで、がんばってつくるしかないですね。「こうなったら、やるしかないだろう！」と宣告されたわけですよね？

鶴見　はい、それで間違いないように思いますけど、確認のために、あと7枚引いてみてください。

藤村　〔7枚カードを引いて一列に並べる〕ほう……なかなかいい感じの並びだと思いますが……。

鶴見　はい。大アルカナはⅦ「戦車」で、あとの6枚は小アルカナですね。カップ9、コインエース、カップキング、ロッド4、カップ6、ソードナイト。小アルカナの中でも、特別な、強い意味合いを持つ2枚のカードがあるのですが、それがコインエースとカップ9、その両方が出ているのはすごいですね。なかなかないです。

Ⅶ「戦車」はそのまま「進め！行け！」と素直に読みます。カップ9は別名「ウイッシュカード」、このカードが出たら願いが叶うチャンスを得られると言われている特別なカードです。さらにコインエース、こちらは「大きな成果を出す」、「時代を変えていく」という意味合いがあります。ソードナイトは「情報の駆使」、カップ6は「過去への回帰」、ロッド4は「新しい門が開く」、カップキングは藤村先生のことでしょうね。まとめると、「さあ、あなたを誘おう、あなたは進んでいく。時代を変えていく流れの中で、好機をつかんで前進していこう。いろいろな情報の中で、あなたは確信を得ながら新しい時代の門を開いていくだ

ろう」というリーディングとなります。

藤村 強い応援をいただいたということになりますね、よかったです。

タロット・リーディングをやってみる（2）人類の現在について

藤村 それなら、もう一つタロットに訊きたいことがあります。こちらは、個人的な次元から大きく離れて、いま現在の世界あるいは人類の状況についてです。いまもタロットのほうから「時代を変えていく流れ」ということが示唆されましたが、第1巻を準備していたときにも、すでにコロナ禍は世界的に広がっていて、ある意味では、その危機感に触発されたこともあってAkiyo-Worldの記録を残しておいたほうがいいのではないかと思ったのですが、それ以降も、世界中でさらに激動が続いていて、火山の爆発や地震、加えて気候変動、それによる食糧危機ばかりではなく、ロシアによるウクライナ侵略戦争まで勃発し、それがいまでも続いている。そこでは、核爆弾の使用すら公然と言及されている。毎日、さまざまな非人道的状況のニュースが入ってくる。そしてこの戦争をきっかけとして、経済的な不安もあちこちで高まってきている。しかも各国で政治的な緊張もこれまで以上に高くなっている。人類の未来に対して希望がもてない人々がこれまで以上に増えていると思われます。

ここで、そうした個別の現象を問題にするわけではないのですが、人類が大きな転換期に突入していることは明白だと思うのですね。もちろん、それは、まず政治の問題です。でも、ここでは、そういった政治的な次元ではなくて、スピリチュアルな次元で、いったい人類はどう変わっていこうとしているのか。その変化をどう受けとめるべきなのか。そういったことについて、リーディングをしてみてはいけないでしょうか。

それを通じて、わたし自身としては、スピリチュアルなことが、ただたんに、それぞれの人の欲望や願望を満たすためのものではなくて、一人ひとりがそのまま人類的な存在でもあるということを学ばなければならないということと思っているのですが……。まさにいま、先ほどのカップ4ではないですが、「樹の下で悩む一人の人間」として、あえてそのことを問うてみたいと思ったんです。こういうことは明世先生以外には頼めませんから……。

鶴見 壮大なお題ですね。と同時になかなか取り組みが難しいお題です。政治という人の営みの枠を超えた、宇宙船・地球号の（スピリチュアルな）仕掛けの解明というとても難しいお題ではありますが、どのような展開になるか、わたしも観てみたいです。

藤村 こういう場合、タロットは当然クロウリーですかね？

鶴見 いや、藤村さんが問うわけだから、ミケランジェロでいいと思いますよ。

藤村 わかりました。スプレッドは？

鶴見　やはり「ゴルゴ」かな？　いや、ごめんなさい、これは通称で「13（サーティーン）」です。つまり、大アルカナと小アルカナを混ぜてシャッフルして13枚並べます。

〔藤村は小アルカナから15枚抜いてそれを大アルカナ22枚と混ぜてシャッフルしまとめる。鶴見が上から順に13枚をとって3列に並べて、リーディングを開始する。〕

鶴見　〔リーディングの態勢に入り〕戦うことで得られる成果、そこから生じる経済……そういうものは、混沌とした……「夢」……いや、もっと強い言葉で……「蜃気楼」みたいなものにすぎない。また、母系社会あるいは父系社会という家族に縛られた社会構成もなにも生み出すことができなかった。われわれは、「多様化」という言葉、あるいは「グローバリゼーション」という言葉から脱しようではないか！……「尊敬」、「知恵」、「愛情」、「友情」から生まれてくる精神的な、知的な共同体（コミュニティ）が、いったい何を中心につくることができるのか、それを検討できるようにならなくてはならない……しかし時間はないので、急がなければならない……10年で新しい指導者が出てくる。それはＡＩから出てくるのではなく、精神から生じるリーダーだ。ただ人類というだけではない、人間、動物、植物……など地球という重力にしばられているすべての存在が新しく目覚める時期に入っているのだ……そこには、人種によるのではない、新しいコミュニティが生まれるだろう……人はみなシャーマンであるということに気づくはずだ。そこから、新しい時代がはじまるのだ……。

藤村　なるほど……やはり「地球」というキーワードが出ますね……そこでいままでの血縁中心主義ではない（つまり民族主義ではない）、広い視野の地球的生命の共同体へと進まなければならないという感じですね……そのためには、「戦い」に縛られたグローバリゼーションではない、もっと広い「つながり」が生まれてこなければならない……と。そして、――これは、われわれの『スピリチュアル・コード』第1巻でも強調したことですが――「人はみなそれぞれの仕方でスピリチュアルである」というところに向かっていく。とても納得がいくのですが、メッセージはどこから来ているか、わかりますか?

鶴見　〔鶴見は1分以上、じっと動かず、黙ったままとなる〕弥勒ですね。

藤村　あの半跏思惟像《はんかしゆいぞう》の、未来仏の弥勒ですか?

鶴見　そうだと思います。広大な宇宙のなかの弥勒のヴィジョンが来ます。そう、まるで一つの銀河系が、弥勒の一つのシナプスであるかのような広大な宇宙のイメージです。

藤村　太陽系などというスケールではなくて、大宇宙のスケールですか!　驚きですね……兜率天におわす未来仏などというものではなく……。

鶴見　「存在というものは宇宙全体に広がるはずだ」というメッセージが来ます。

藤村　はい。それはなんとなく、わたしがいま考えていることとも通じるのですが……しかし、タロット・リーディングで弥勒と接続するなどということがこれまであったのですか?

「人はみなシャーマンであるということに気づくはずだ」

鶴見　いや、はじめてです。さきほどはじめは、よくエゾテリズムの流れのなかで出てくる、イエス・キリストがここにいて、（アリス・ベイリー*註が言っていた）ジュワル・クール大使がここにいて、みたいな三角形の階層図みたいなものが見えていたのですが、それを下から突き抜けて、頂点のほうへと抜けていく運動があって、それが突き抜けると、たくさんの銀河系が視える宇宙空間で、そこに、幾重にも広がるように、弥勒だと思われる姿のイメージが視えたんです。隅のほうには、みんながよく知っている弥勒像の顔のイメージもありました。

藤村　びっくりです。毎度のことですが、いま、われわれは、このオフィスでテーブルをはさんで向かいあって対話をしているのですが、明世さんの脳のなかには、広大な大宇宙の空間のヴィジョン、その空間に「存在する」弥勒のイメージがやって来ている。……当然、なにをどうわかったらいいのか、わたしにもわからないのですが、わたしとしては、これを、われわれみんなが棲む「宇宙」からの一つのメッセージとして受けとめて、みなさんに、そっと手渡すということにしようかな……どう受けとめるかは、みなさんにおまかせする、と。それでいいですか？

鶴見　はい、そのように思います。

藤村　ありがとうございました。

＊註：アリス・ベイリーは神秘主義関係の著作家。神智学協会から派生した「アーケイン・スクール」の創立者。

第2部　「歌うことで、わたしはわたしの絵を表現している」

ヴィジョン・リーディング（1）エジプトの砂漠、セドナ（アメリカ）の岩山

藤村　さて、前回、スケールからいったら、これを超えるスケールはないと言わざるをえない、大宇宙の空間のヴィジョンが来たわけです。やはり、明世さんの類い稀な「神秘力」は、このヴィジョンの力にあると言っていいと思います。あの弥勒のヴィジョンは、問いそのものが人類全体に関することであったために、そこまでのスケールになったのだと思うのですね。つまり、問いが個人レベルなら、それに応答するヴィジョンもそのレベルになる。そういうことですよね？

鶴見　はい。そのとおりです。

藤村　思い出すのですが、『スピリチュアル・コード』第1巻の対話のはじめで、わたしがはじめて鶴見先生のところにうかがって「今後の人生の展開」についてうかがったときに、「虎と赤い実」のヴィジョンが来ていたことを明かしてもらって、とてもびっくりしたのでしたが、人類レベルから個人レベルに少し戻してみて、なにか、語ってもいいヴィジョンの実例がありますか？

鶴見　はい、最近のことですが、クライアントさんの一人が、「ヴィジョンで見えたこと」が実際に

存在することを確認してきた方がいらして、ご自分の経験を「皆さんにもお話しください」と言ってくださっているので、それを話させてもらおうかしら……。

藤村 それは、タロット・リーディングのときに、ヴィジョンが来たというケースですか？

鶴見 いや、そうではなくて、3年くらい前からですが、わたしのサイトに「ヴィジョン・リーディング」というメニューを載せているんです。クライアントのSさんは、男性で、半導体のエンジニアのお仕事をなさっていて、世界中を飛び回って半導体開発の研究指導をなさっています。昔からのお付きあいがある方なのですが、その方が、あらためてサイトを見たら「ヴィジョン・リーディング」というのがある。これはなんだ?となって、面白そうだからといらしてくれたのです。特に知りたいことがある、というわけではなく、「何か知るべきことがわかったら……」そういうお気持ちがあったようです。

藤村 そういうのもメニューに入っているんですね。知りませんでした。それは、タロットは使わないんですね？

鶴見 はい。ヴィジョン・リーディングをする時は、特別な何か、をすることはないんです。いわゆるシャーマニズムのように所作をするわけではありません。静かな環境で意識を集中しながら、そうですね、頭蓋を開いて情報のシャワーをくまなく受け取り、それを脳内視覚野で形成していく、という感じですね。

Sさんについては、そうやって最初に現れたのは、砂漠の光景でした。遠くにピラミッドが見えて、男性と思われる二人が立ち話をしている。そのうちの一人は長いながい「匙」のような道具を持っていました。それを、さっとスケッチしてSさんに見せると、「面白いですね、この笏《しゃく》みたいなものは、測量の道具なんじゃないかな？　いやあ、エジプト好きですが、ピラミッド技師とかなにか、関係あったのかなあ、そうならば納得だなあ、設計図書くのは好きですからねえ」という感想でした。

「ほかにも何か視えますか？」と聞かれたので、しばらく集中していたら、赤い大地が拡がり、やはり赤いゴツゴツした岩山が点在している風景、そこにアメリカ・インディアンと思われる、羽飾りを頭に被った褐色の肌の青年が視えました。その絵を描いてお見せしたら、目を見開いてじっと、見入っていらっしゃる。そして、「これはなんだか見ているとビリビリと来ますね。なんだろう、なんと言ったら良いのかわからないけれど、不思議な、今まで感じたことがない幸福感、そんな感じがして心地良いような、いたたまれないような、複雑な感情ですね」、そのように仰って、「いやあ、興味深いものですね」とお帰りになりました。

藤村　どちらも砂漠のようなヴィジョンだったわけですね？　でも、最初のエジプトのヴィジョンのほうはそうではなかったのに、あとのアメリカ・インディアンのヴィジョンのほうは、その方自身が、身体的に強いビリビリ感が来たわけですか。

遠くにピラミッドが視えるヴィジョン

セドナのヴィジョン

鶴見　そうなんです。Sさん、その後、定期的にタロット・リーディングに来ておいででしたが、先日、お見えになったときに、「鶴見さん、先日のヴィジョン・リーディングの時に見えた赤い岩山、場所の特定は出来ますか?」と訊かれました。で、それを、タロットでみてみたのですが、結果は、「アメリカのセドナでは?」となりました。すると、Sさんは、「やはりそうですか、今まで自分はセドナには行ったことはないのですが、先日のヴィジョン・リーディング以来ずっとセドナという場所が気がかりになったんです。なぜか、どうしても行きたい気持ち。実は、今日はそれを確かめに来たんです。あのヴィジョンはセドナに関係があるか、もう思い切って行ったほうが良いのか、と。なので、いま、決めました、仕事を絡めずに、目的はセドナ、ということで渡米して来ます!」そう仰って一週間も経たないうちに、Sさんは渡米したんです。現地では、ツアーには参加せず、空港からレンタカーで単独でセドナに行く旅程を組んで。

そして、セドナで、ヴィジョンにそっくりな場所を見つけました。「導かれるようにその場所にたどり着き、他の観光客に会わないように少し道から逸れてしばらくじっとそこにたたずんでいたら、〈自分にだけ吹いてくる風〉を感じて、大変感動して長い時間、動くことすら出来ずに佇みました」と、写真添付のメールをくださいました。確かに、わたしが視て描いた絵とSさんが送って下さった写真の風景はそっくりだったんです。Sさんは、今まで感じたこと

ヴィジョンのスケッチと現実のセドナの写真

藤村 がない感動を覚えたそうで「またぜひ体験しに行きたい」と仰っています。この風景の場所に、自分の身体《からだ》を実際に置いてみる、そのことのためだけに、航空券を買って合衆国へと渡ったんですね。真っ正面からヴィジョンを受けとめてくださった。

（スケッチと写真を見ながら）なるほど、ほんとうにそっくりですね。

鶴見 はい、そうです。非常にピュアに受けとめてくださいました。

藤村 なかなかないことだと思いますが、でも、受けとめただけではなく、引き寄せられているのでもありますね？

鶴見 はい。存在同士が呼び合っているような感じ、何かしらの引力のような力が両者の間に生じている、というような。

藤村 そうすると、やはりこの羽飾りを冠ったアメリカ・インディアンは、Sさんの……たとえば、前世の存在ということになりますか？　明世さんは、どう考えているんでしょう？

鶴見 「前世」という概念をどう捉えるか……それはそれぞれの宗教観にもかなり影響されますし、だから人によって見解は違ってくるという前提のもとですが、わたしは前世は「ある」と思いますし、このインディアンの青年はSさんの前世の姿と考えていますね。

藤村 その前のピラミッドを背景にした「二人」もそうですか？　そのうちの一人がSさんの前世の姿と……？

鶴見　はい、そうだと思っています。

藤村　それが、セドナの存在よりもっとずっと古いので、Sさんには、そちらの方は、ビリビリは来なかったのかな？

鶴見　エジプトのヴィジョンは、たしかにビリビリ来なかったようです。今までのわたしの経験からの判断ですが、今生に一番、影響をもたらしている前世が文字どおり「響く」ようなのですね。それは、どなたについても、同様だと思っています。

藤村　でも、たとえばそのセドナのヴィジョンは、きっと何百年前か何十年前か、わかりませんけれど、アメリカのインディアンだったSさんの前世の存在だとして、そのかれの人生の長い時間のなかのどこか一瞬に現実にあった光景ということなのかなあ？　つまり、何年何月何日というように、ある特定の時間の光景なんでしょうか？　それから、そもそもそれは誰が見ている光景なのかしら？　あの……こんなこと訊いては、おかしいかもしれませんが、それは、どのくらい離れたところから視ているヴィジョンだったでしょう？　明世さんが、現実にはそうではないんだけど、その遠い昔のいまはない「現在」へととんで行って視ているという感覚なのかしら？

鶴見　はい、確証はないですが、ヴィジョンで視るリアリティのある光景は、過去にそのような状況が確かに存在していたのではないかと思っています。そして、「その時空」そのものをわたしが知覚しているのではないか、と自分では思っています。

と申しますのは、ヴィジョンの視え方もいろいろあるのですが、まるで３Ｄホログラム画像のようなヴィジョンを、さらに全方向３６０度の回転を伴った状態で視ることがあるのです。じつは、Ｓさんのエジプト・ヴィジョンがそれに当たります。意識を集中していると、すっと「エジプトのピラミッドと砂漠と二人の男性」が視えてくるのですが、視点が３６０度、動くのです。真上から、斜め上から、横から、というように。真下からも視えたりもします。真下からの場合は二人の足の裏と体躯が少し、その上に青空などが視えてきます。それは、３Ｄホログラムが球状に回転するスライドショーをみているような感じです。けっしてわたしが「このように視たい」と思ったように視えるわけではないのです。ですから、ヴィジョンを視ながらじつは、わたし自身が困惑している場合も少なくないのです。

藤村 ヴィジョンの「二人」のほうは動いているわけではなく、静止画像なんですよね？　その立体画像のまわりを、明世さんの視点はぐるぐると好きな位置から見ることができる。まるで地面のなかから覗いているかのように普通には絶対ありえない視角まで……と。それで、もう一つのセドナのヴィジョンは、ホログラフィックではなかったのですか？

鶴見 はい、セドナのヴィジョンは平面的、写真のようでした。二次元というのでしょうか。まったくホログラフィックではありませんでした。

藤村　どうして、そういう違いが出るのだと思います？

鶴見　うーん……ホログラフィックなヴィジョンは、含まれている情報が二次元的なヴィジョンより、明らかに多いですよね。ということは、そのヴィジョンの中に何か、その人（クライアントさん）にかかわる事だけではない、多くの情報が含まれているからかなと思います。人物だけではなく、それこそ測量の知識や、遠く見えるピラミッドの情報まで。しかし、二次元的なヴィジョンの場合は、限られた範囲の情報といえるかと思います。ですから、逆に、リーディングされたご当人には、ホログラフィックなヴィジョンより深く響くのかと思います。

藤村　おもしろいですね。なんとなく、二次元の絵画のほうが、三次元の実物よりも訴える力が強いみたいな「絵画の秘密」に通じることかもしれないですね。

　で、「ヴィジョン・リーディング」の場合は、いつでも、このSさんのように、前世の存在のヴィジョンになるんですか？

ヴィジョン・リーディング（2）美しい水の淵

鶴見　そういうわけではないようです。例えば、とても美しい水をたたえた深い淵が視えたクライアントさんがいました。それはクライアントさんの田舎に昔あった淵にそっくりだったそうです。

そのように景色がみえる場合もありますし、うーん、これはお話してよいものか微妙ですけど、自動車の事故現場のようなヴィジョンが視えて、でもクライアントさんにはまったく身に覚えがないことだったので、「なんだったんでしょう」と保留にしたことがありました。ところが、後日、その方の知人が、それと同じシチュエーションで自動車事故を起こしていたことがわかりました。このケースは、多分ですが、事故を起こした知人の方が、その瞬間にクライアントさんに助けを求めたのかなと。わたしは、その「残留意識」を視たのでは、と思いました。このように、ヴィジョンと言っても、ほんとうにいろいろあって、けっして一律ではないんです。これ視えることはそのまま認めなくてはいけないのですが、しかし冷静で偏らない分析が必要ではないかなあ、と考えています。

藤村　その「美しい水の淵」の場合ですが、それは、後で、どうしてその景色に接続したか、理由がわかりました?

鶴見　はい。そのクライアントさんは、趣味で絵を習っていて、ちょうどヴィジョン・リーディングをした時には、龍の絵を描いていらしたそうなんです。そして故郷の美しい淵には、昔から龍が棲んでいるという伝説があったそうです。クライアントさんご自身は、淵の存在も、龍の伝説も忘れていたのですが、ヴィジョンからの指摘で思い出し、年末に帰省した際に淵まで出向いたところ、開発により淵は埋め立てられていたそうです。以前、淵に住まいし龍が――クライアントさん経由で、わたしに――何かを訴えてきていたのかもしれませんね。そう感じています。

藤村 なるほど。クライアントさんのヴィジョンだけど、同時に、それは明世さんへのメッセージでもある、と。いずれにしても、ヴィジョンは多様なわけですね。ただ絵柄が違うというだけではなくて、そのときどきにおいて、写真になったり、テレビになったり、ホログラムになったり、次元そのものが違ってくる。そして、その人のそのときの存在のあり方で、もっとも強度の高いヴィジョンがキャッチされる、そういう感覚ですね。ワン・パターンではなく、とても奥深いわけです。

ヴィジョン・リーディング（3）イタリアのオペラ歌手

藤村 うーん、でも、こうなると、わたしの場合どうなるか、いま、ここで、やってみるべきかもしれませんね。すでに、第1巻の対談で教えていただいたように、はじめてお会いしたときにやってもらったタロット・リーディングを通じて、わたしの未来に関するヴィジョンがやって来た話はしていただいているのですが、あらためて、いま「ヴィジョン・リーディング」をお願いしたらどうなのかなあ？……「砂漠」ですかね？「水」ですかねえ？　いや、そうはならないでしょうけど、お願いしてもいいでしょうか。

鶴見 はい。いいですよ、やってみましょう。

〔と言いながら、小さな新品のスケッチブックを取り出し、鉛筆などを用意する。それから、なにも問うことなく、目を閉じるようにしながら、一人静かに集中する。しばらくして、鉛筆を紙面に走らせながら……〕

オペラ歌手かな……黒い髭をはやした男性、モールがついた洋服を着て……舞台に立って歌う……テノール、ヨーロッパ、19世紀くらいの感じですが……いっぱいファンがいて、歌を聴いて失神する女たちもいる……そして舞台が投げ入れられた花でいっぱいになる。イタリア、たぶん。……家に行って絵を見せてくれるみたい……家にたくさん絵が飾ってあるようで……「絵が好きだ」と言ってます。

藤村 いま、かれが、そう言ってるんですか？　この、なんだか、パヴァロッティみたいな体型のかれが？

鶴見 はい。「才能がある人を見つけるのが楽しみ」。「線ではなくて、色の構成が絵なのだ」と言っています。「歌うことで、わたしはわたしの絵を表現している」とも。「女たちが失神するのはどうでもいい。歌で新しい絵が見れるから、みんな感動して花を投げる。わたしは花がほしいんだ。絵が描けなかったから、音楽の道を行ったのだ、絵が描けていたら、わたしは、線では

藤村のためのヴィジョン・リーディング

なく、面と色の構成、線はそのなかで見え隠れしてこそ美しいのだ」とも。

藤村 いま、ここで、明世さん、あなたにそう語っているんですね？

鶴見 はい。そうなんです。この人は葡萄畑ももっていて、そこで採れた葡萄でつくったワインを1年のある日に町の人々にふるまっているようですね。慈善家ですね。恵まれない子どもたちにも施しをしている。ただ、ご自分のお子さんはみんな、1、2歳の小さいときに亡くなっていて、奥さんも亡くなっていて、再婚せずに、大きな家に兄弟と住んでいる……。

藤村 そんなことまでわかるんですね。いまの明世さんと直接、話している感じですけど、かれの「いま」の時間のなかに明世さんが出現しているんですか？

鶴見 たぶん、この人には、わたしは小さな妖精か、小さなドラゴンのように視えているかもしれません……この人、小さいときは「サシャ」と呼ばれていたみたいだけど……「回転しながら高みにのぼっていく自分の声に感動できるからこそ、人々もわたしの歌に感動できる」と言っています。

〔そこで、鶴見と藤村のあいだで、19世紀のイタリア・オペラの作曲家について少し話しがかわされると「ドニゼッティ」という名前で反応がある〕

ドニゼッティについて、「音階のつくり方、音のとび方がすばらしいんだ」と言っています。最後にその歌を歌いあげたみたいです。

藤村　なんと、それはすごい。だって、わたし、この2月に新国立劇場にドニゼッティの「愛の妙薬」を観に行ってるんですよ。となれば……（自分には見えないそのオペラ歌手に向かって、イタリア語で）「Grazie mille（ありがとう！）」

鶴見　あなたに「Addio（さよなら）」と言ってます。そして接続が閉じました。閉じる前に、「わたしは東洋の闘神が好きだった」と言い残しました。

藤村　……〔しばらく言葉なく茫然としている〕……いや、びっくりでした。ただヴィジョンが視えるというのではなく、その相手と明世さんが、いまの時点でコミュニケーションしているということですか？

鶴見　はい、確かに「いま、このとき」に共通する時間の中でダイレクトにやり取りをしています。もちろん、口語体で会話しているわけではなく、心での会話と申しますか。相手が伝えたいことが、それこそ、ヴィジョンで現れてそれを翻訳してお伝えしている、そのような状況です。

藤村　そういうこと、よくあるのですか？

鶴見　ヴィジョン・リーディングでは非常に稀なことです。いわゆる、シャーマニズム所作においては、この——あまりこう表現したくはないですが——「能力」は必須事項ではありません。今回は、藤村さんという「存在」そのものに対してスピリチュアリズムではなく、シャーマニズムが生じた、ということかと思います。

藤村　そして、このオペラ歌手は、わたしの「前世」の少なくとも一つということなんですか？

鶴見　ヴィジョン・リーディングをすれば、必ずその人の前世が視えるわけではないですし、「前世」に対しては皆様、それぞれのアイデンティティによる「期待」と「否定」が生じるので、なかなか難しいのですが、それを前提として、今回の男性オペラ歌手のヴィジョンは、（現在を生きる）藤村さんには、もっとも影響を与えている前世の一つだと思います。

藤村　ちょっと信じられませんね。だって、わたし、小学校のときに扁桃腺の手術でアデノイドもとられてしまって、そのせいで、子どもの声を失って、それ以来、歌こそが、もっとも苦手なものだったんですから……「声」がトラウマでしたので……。

鶴見　そうでしたか……いえ、「オペラ歌手」と申し上げた途端に、藤村さんのお顔が歪みまして。あ、これはきっと藤村さんにとっては、否定すべき要素が含まれているんだなあ、と思いました。で、このヴィジョンはお嫌でしたか、それなら他のヴィジョンを探ろうか、と思ったんですね。その途端、このオペラ歌手との「時間」――「時空」とも言えるでしょうか――それが、つながったんです。ヴィジョンとして二次元的に捉えていた存在が、今、まさに共時性を持って立ち上がった。「ちょっと待ってよ、小さなお客様。まだこの時間を閉じないで！」と。それからシャーマニズム的なヴィジョン・リーディングが展開したのです。

藤村　とすると、わたしが幼い頃に、「声」のトラブルに巻き込まれたのも、なにか、そういうことと深い関係がある出来事だったと考えるべきかもしれませんね……うーん、偶然と思えていたことが、とんでもなく深い遠い関係でほかの「時空」と結ばれているということになる。

いずれにしても、かれがわたしの「前世」、まあ、ほかにもあるだろうから、その一つだとして、２００年近く前の「前世」のかれと、明世さんのおかげで、「Grazie mille!――Addio!」と会話できた。これ以上の「奇跡」はないと思います。わたし、スケッチを見ても、全然、ビリビリ来ないんですけど、（……でも、「顔が歪んだ」んですね？　それって、同じことかもしれませんね、わたしが気がついていないだけで……）この生きた応答が一瞬、できたことに……なんだか泣けてきます……わたしが、この藤村龍生という「わたし」を超えて、ずっと、いままで、いまでも、これからも、存在しているんだ、ということを、ほんの少しだけ感覚したような感じがします。ありがとうございました。感謝です。

鶴見　とんでもないです、そのお言葉、オペラ歌手の人にきっと時空を超えて届いたと思います。そう、どちらもいつも「魂の歌」を歌ってらっしゃるんですから。こちらこそ、ありがとうございます。

第3部

「空に継ぎ目があるのが見えたら、そこから彼方に出られるからね」

「死」を学ぶために

藤村 前回、わたし自身のヴィジュアル・リーディングをやっていただいて、その結果がとても衝撃的でした。まだ尾を曳いているというか、過去の時間と現在の時間がつながる、いや、ただつながるだけではなくて、ある種のコミュニケーションまで起る事態をどう受けとめたらいいのか、よくわからないで考え続けているのですが、それはともかく、あのとき、あの「19世紀のイタリアのオペラ歌手」は、わたしの「前世」の一つだろうということでした。つまり、人間が死んでもその「先」があるのでは?というテーマが、すでに浮上してしまっているわけですね。

どんな人間にとっても、人間である以上、かならず死ぬ。このことは誰にも明白です。「死ぬ」ということは、「わたし」のこの肉体が終ること、つまり、これが、もはや「わたし」のものではない、たんなる肉として腐っていく物質になるということです。そこで、まあ、簡単にしてしまえば、二つの相反する考え方が出てきます。

一つは、この肉体が終るのだから、「わたし」も終り、という考え方。唯物論的というか、すっきり一元論。

もう一つは、この肉体は終るが、それは「わたし」ではない物質としての肉体にすぎず、物質ではない「精神」、あるいは「魂」、あるいは「霊」としての「わたし」、――いや、「わたし」ではない「なにか」かもしれませんが――は残るという考え方。用語はいろいろありましょうが、肉体と霊魂の二元論と言ったらいいか。つきつめれば、肉体はなくなっても、それから独立してある精神、霊、あるいは魂は死を超えて、なんらかの仕方で、残る、ということになります。もちろん、こういうことはスピリチュアリティの前提ですから、われわれが後者の立場に立って対話を行っていることは自明です。そうでなければ、「前世」という話など成立しませんから。それに、すでに第1巻でも、明世さんの臨死体験を語っていただいたりしていますし……。

鶴見　だから、わたしとしては、両者を比較検討するというような手間をかけることはしないで、むしろ後者の立場を、ただぼんやりとそう思うのではなくて、もう少ししっかりと見つめてみる、そのためのヒントとなるいくつかの実例を明世さんからうかがって、そこから「死」について学ぶべきことを考えてみたいのですが……。

はい、たいへん重い、でも誰もがじつはとても知りたいことでもありますよね。でも、いろいろ誤解を招く可能性もある、難しい話題ですね。ちょっと勇気も必要ですが、でも、ご参考になればと思います。

藤村　ありがとうございます。で、そうなると、はっきりしているのは、「死んだら終り」ではないということ。それどころか、死ぬことではじまることがある。いわゆる臨死体験が示してくれているのは、そういうことですね。もちろん、それは死に最接近しているけど、まだ死んでいない状態だ、と考える人もいるかもしれませんが、いずれにしても、肉体を離脱した「霊体」（とここでは呼んでおきましょう）――「わたし」という意識を完全に保持している霊体――が、とんでもないスピードで肉体から飛び出ていくわけです。でも、たとえば（第1巻で語られたように）「ジャガンナート（世界の主の意）」と会って、また、この地上世界に戻ってくるということもある。だから、これは、ある意味では、この世界と死後の世界とのあいだの境界領域の話ですよね。じつは、この部分は、死後の世界のほんのまだ入口にすぎない。そこから先、どのようにしてか、「わたし」という意識が完全に消えてしまって、しかしまたこの地上世界に戻ってくるわけです。「19世紀のイタリアのオペラ歌手」がわたしの「前世」だとしても、現在の「わたし」は歌が歌えないどころか、イタリア語も知らないし、「かれ」の人生の記憶はまったく残っていない。つまり、19世紀の「かれ」といまの「わたし」を貫いて、「わたし」ではないものが続いているということになります。これをとりあえず「霊」と区別して、「魂」と呼んでおきたいのですが、どうでしょうか？　つまり、「魂」は「わたし」ではないわけですね。「わたし」は「わたしの魂」を知らない、知ることができない、と言ってもいいかもしれません。でも、「霊」の方は、「わたし」の、あるいは「かれ」の意識がなんらかの仕方で残っている。いや、ただ、用語で不必要な混乱を招かないように、最低限のこととして、「霊」と「魂」を、このように区別しておいたほうがいいかな、と考えるのですが、どう思われます？

鶴見 はい、まさにそれです！　わたしはよく「魂の輪廻転生」と表現しています。また「魂のDNA」という表現も使います。と申しますのはどうも「魂」というあり方こそが、「固有の存在としての意義」を脈々と伝えていくものなのではないかと思うからです。いわゆる、「霊」と表現される存在は、特定の記憶や時間感覚に縛られている存在で、「魂」はその縛りから解放されて自由度がある存在だと思っています。

藤村 で、「死」というテーマをめぐって、明世さんとしては、みなさんにいちばん伝えたいと思うのはどんなことでしょうか？　そして、それを理解してもらうために、なにか語ってもよい実例がありましょうか？

こう言いながら、わたしが考えるのは、まさに「死んだら終り」ではないということは、「死」と言ってもいろいろあるんだ、ということなんですけど……もちろん、「死」ということでは同じように見えるかもしれないけれど、自殺のように「わたし」が自分の肉体を滅ぼすというケースもあれば、老衰のように肉体が自然に衰えていくのにまかせるケースもある。事故もあるし、病死もあるし、殺されるケースもある。年齢もさまざま。死の状況は百人百色、いや、万人万色じゃないのかなあ、と思うんです。そして、それこそ、スピリチュアリティということを考えるときに、とても大事なことなのではないかな、と。

『スピリチュアル・コード』の第1巻の最後は、「誰もがそれぞれ違った仕方でスピリチュアルである」という「まとめ」でした。そうであれば、「死」こそ、人それぞれ違っているようにも思うんですね。どうでしょう？　おかしいかな？

鶴見　そうですね、わたしは、「死」とは「今の自分」という存在の輪郭を失う現象ではないか、と考えています。「死」により今までの自分の意識の囲いが開放されて、今まで感じることがなかった、強いて言えば、目視による確認ではなくて物事を判断する能力を得て、さまざまな存在をよりクリアに感じるような状態になる。そういうことが、死ぬ当事者の側からみた「死」ではないかと思うんです。でも、それでいて、自分としての意識は存在しつづけるわけですので、そうですね、「死」は「時間からの解放」と言えるかもしれません。

ケース・バイ・ケースで、かなり個人差は生じるようですが、「先程まで生きていた自分」の意識というものは、肉体がなくなってもしばらくは存在すると感じています。それこそが「魂」という「有機体の根本的なエネルギー」なのかもしれませんが。いずれにしても、「死」は消滅ではなく、霧散でもない。時間に融合しながらあり続ける姿なんだと思います。

藤村　うーん、なかなか難しいですね。揚げ足をとるようでもうしわけないのですが、「死」は、「時間からの解放」であり、「時間への融合」なんですか？　なんだか、「時間とは何か？」というきわめて哲学的な問題になってくるような感じですね。

「時間とは〈パラレル通信〉のようなものだ」（タロット・リーディング）

鶴見　たいへん難しいご質問ですね……そう問われますと、いったいどのような言葉でご返答したらよいのか、わからなくなりましたので、ちょっとリーディングさせてもらっていいかしら？
〔と言って、鶴見は手もとのクロウリーのカードのうち小アルカナの束からアト・ランダムにカードを1枚ずつ抜いてテーブルの上に並べていく。そのカードは順に「スオードの2」、「カップの6」、「ロッドのA」、「スオードのA」、「コインの6」となる。それを眺めつつ……〕
カードからのメッセージとしては、「時間とは、円錐形の外側と内側を螺旋形に動いていく帯電エネルギーである。エネルギー螺旋は時には少数、時には多数のパラレル（並行）を形成し、頂点に集結しまた底辺から生じていく。現在のコンピューター通信で用いられる〈パラレル通信〉という概念、つまり複数の処理や伝送を複数の主体で同時に実行する状況と似ている要素がある」というリーディングとなります。

このリーディングを踏まえると、わたしとしては、有機体（生物）は、「死」によって、肉体という三次元要素を失うことで、三次元空間の縦軸から、そして横軸としてある時間という次元からも解放されて、時間の本来の在り方である「パラレル通信」的な（時間）次元に入るのではないか、と言うことができるかな、と思います。それが、わたしの「死」の認識ですね。

藤村 いやあ、びっくりですね。すごいことをおっしゃいますね。いくらなんでも、そんなこと「スオードの2」や「カップの6」に書いてあるわけはないので、どうなっているんですか？　たとえば「スオードのA」は一般的に「パラレル通信」を意味するなどということはないはずですから……。

鶴見 たしかに、タロット解説本を見ながら、このカードの意味はこうだから、と考えたらこのようなリーディングにはなりませんね。「時間とは何か？」という問いが来たときに、頭のなかにイメージ的なものがわいたのですけれど、言語化出来るほどはっきりしてこないんです。それで、カードを引いてみたら補足的情報がとれるかな、と思ったんです。

そして引いたカードをじっと凝視していたら、暗い空間に光る円錐形のヴィジョンが得られたので、それを基礎にしてさらにカードを見ていると、たとえばスオードとロッドのAが並行して出ているので「非常に強いパワーで均衡する」、つまり「プラスとマイナスのエネルギーの介在」と捉え、それで「帯電するエネルギー」とリーディングしたんです。そのような感じ

藤村　で、多方向からリーディングを積み上げた結果なんです。

うーん、このお話しをどう受けとめたらいいのか……でも、応答するのが、わたしの役目なので、先生から出された難問に頭を抱える学生になって、それでもなにか答えてみるなら……やはりすぐ思い出すのが、われわれのこの宇宙全体が、ビッグバンからはじまって光速度で膨張しつづけている、いわゆる「光円錐」であるということかなあ……つまり、この世界は、根源的に膨張する円錐時空なんですね、でもそれだけではなくて、いまのリーディングは、あくまでも人間にとっての「死」が文脈だったわけですから、そういった物理的な時空円錐と同様に、生物というものは、それぞれが――「帯電エネルギー」という不思議な言葉が出ましたが――同じように、その絶対時間のまわりを、その内外を、螺旋状に動いていくエネルギーなんだというわけですよね。しかも、そのエネルギーは、孤立しているのではなくて、パラレルにほかのエネルギーとも情報交換を行い、進化するネットワークを構成しているんだ、みたいな感じですかね？……いや、すごいです。こちらの言葉が追いついていないんですけれど、なにか21世紀にようやく見えてきた「真理」が、ここにはあるように思いますね。感動しました。

鶴見　共鳴してくださって、ありがとうございます。そうなんです、光る円錐形が浮かぶ暗い空間はまるで宇宙だと感じたのです。

藤村　でも、この「頂点」から少し降りてきたほうがいいですよね？　いずれにしても、人間のこの地上の時間、つまり「人生」が「死」によって終っても、それを生きてきたエネルギー体である「その人」にとっては、すべてがなくなって「終り」というわけではなくて、むしろ三次元＋時間という絶対的な拘束から解放されて、「時間」の本来の在り方である「パラレル通信」的在り方へと入っていくのだ、みたいなことですよね？

鶴見 はい、そう言っていいと思います。

パラレル・ワールドの夢

藤村 では、とてもおもしろい言い方だと思うのですが、この「パラレル」ってどういうことなのかしら？　明世さんはどう考えているのでしょう？　なにかわかりやすい例とかありませんかね？

鶴見 そうですね……そう言われて思い出すのが、7〜8年前だと思うのですが、いまでもありありと思い出せる夢をみたことかしら……。

夢のなかで、わたしは一人で知らない土地の、田んぼの畦道を何処までも歩いているんです。左右には黄金色に実って頭を垂れた稲穂が続いていました。そんななか、麦わら帽子をかぶったおじいさんが一人、汗をふきふき稲刈りをしているのが見えました。

「ああ、とても大変そう。誰か、お手伝いする人はいないのかしら？」

どうしても気になって、わたしは畦道から田んぼに入り、そのおじいさんの所まで走って行って、

「すみません、もしよろしければ、わたし、お手伝いしてもよろしいでしょうか？」と聞いたのです。

そのおじいさんは顔を上げて「ああ、頼むよ助かるよ」と言って鎌を渡してくれました。その時、おじいさんの顔を見て、わたしはとてもびっくりしました。なぜなら、見覚えがあったのです。実家の仏壇に飾られていた実母の父だったんです。母が結婚する前に亡くなったそうなので、わたしは写真でしか、祖父を見たことがなかったのですが……。

しばらく並んで、黙って稲を刈っていましたが、思いきって、

「わたしの名前を知っていますか？」

と聞いてみたら、そのおじいさんは笑いながら、

「もちろんだよ、明世ちゃんだろ」

と言うんです。

「でも、わたしたち、今日初めてお会いしたわけですよね？」

と聞いたら、

「おかしなことを言うんだね。あなたはわたしの姿を確認していなくても、わたしたちは同じ時間を共有してきたでしょ」と。

わたしは黙り込み、しばらくは稲を刈る音だけが響いていました。

すると、おじいさんは、

「ああ、もうこんな時間だ。あまりここに長居はしないほうがよいから、辻まで送ってあげよう」と言って、畦道を戻りながら畦道と広い道が繋がるところまで送ってくれて、

「さあ帰りなさい、まっすぐに。空に継ぎ目があるのが見えたら、そこから彼方に出られるからね。わたしたちの時間軸は違うけれど、それは時おり、弧を描いて交差するんだよ、その時には往き来が出来るからね」と言いました。見ると、空は妙にオレンジ色で、しかしある部分から先はインディゴ色になっていました。あれが「空の継ぎ目かな？」と、それを目指して歩いていたら色が変わるところから虹が立って、その虹に包まれたと思ったら目が覚めたのです。


夢の話です。でも、起きたら右手の手のひらに血マメが出来ていたんです。夢の中で一生懸命に稲刈りをしたからだと思います。

藤村　美しい夢ですねえ。いいなあ、そんな夢が見られて。こっちはいつも電車に乗り遅れるような夢ばかりだから……いや、それは置いておいて、お話しうかがってわたしが直観的に思うのは、そうか、そのおじいさんが、明世さんがいまの明世さんである——つまり普通の人にはない特別なヴィジョン能力などをもっている特殊な人である——ことの一つの「因」、いや、この言葉は強すぎる気がするから、あなたを陰から導いていた存在なんだなあ、ということかな。だって「空の継ぎ目」を通る帰り道を教えてくれるなんて只者ではないですよ。しかも夢のなかですから。これ、ほんとうに「パラレル」です。そのおじいさん、現実に、お米をつくっているお百姓さんだったのですか？

鶴見　いいえ、尋常小学校の先生だったと聞いています。ただ農作業が得意ではあったそうですけど、稲作が生業ではなかったですね。

藤村　他人の夢を勝手に解釈するのは失礼なんですけど、なぜかわからないけど、おじいさんが明世さんを異次元からずっと護っていたのだけど、「もうここまででいいね」と自分の役目が終ったことを告げる夢だったんじゃないかなあ、と思いますね……明世さんがおじいさんの稲刈りを助けた夢になっているけど、助けてくれていたのは、じつはおじいさんのほうじゃなかったのかしら？……じつはそれがわかっていて、明世さんも夢で「ちょっとお返し」をして「ありがとう」を言うために「夢」の「パラレル・ワールド」へ行ったんじゃないのかな……。

鶴見　どうして、そうおっしゃるのでしょう？

藤村　それは、明世さんが一度も会ったことのない人、しかし「つながっている」人が夢に現れたのはどういうことかなあ、と思って。これは、明世さんの記憶から生まれた「夢」ではないですよね。そうではなくて、現実とは別の世界からやってきた「夢」。「夢」としてしか接続できないから、夢に出てきたんだ。そのとき、わたしが思ったのは、いわゆる呪いなどもそうですけれど、作用している者の正体がわかってしまったら、呪いは解けてしまいますよね？　呪いだけではなく、正反対の守護についてもそうじゃないかなあ、と。だから、このおじいさんは、ずっと明世さんとつながって、守護していたのでは？　そして、その関係が「満期」になったので、ついに正体を現したのではないかなあ、と思ったんです。自分の祖先なら家族の誰ともみんな同じようにつながっているわけではないんですよね。それぞれにそれぞれとの特別な関係があるんじゃないかな。そして、特別な関係は、死を超えても、時間を超えてもつながる。

鶴見　それはとても納得です。わたしにとって、一番身近に感じていた亡き親族は祖父でしたから。そして、その夢をみてから、祖父は仏壇で拝むための対象ではなくなったように思えていたのです。それでよかったんですね、きっと。

藤村　話をややこしくしてしまったかしら？　でも、明世さんの「時間とは何か？」のリーディングから出発して、われわれが生きているこのリアルな時間が、それとパラレルなノン・リアルな時間とつながることがあるということがわかってきたわけです。そのノン・リアルな時間は「死」をも超えている……だって、一度も会ったことのないおじいさんが「夢」にありありと現れるわけですから……でも、リアル世界で忙しいわれわれは、「へんな夢みた」で片付けて忘れてしまう。だけど、そういう「なんでもないこと」のうちにパラレル・ワールドとの「つながり」があるんだよなあ、と言いたかったんです。そこにはなにか「意味」が、われわれにはわからない「意味」がある……だから、明世さんもそんな一晩の「夢」をいまにいたるまではっきりと覚えているわけですよね？　その「意味」がまだ明世さんには届いていなかったから……それで、わたしがちょっと「翻訳」してみようとしたということかなあ……出しゃばりました。

ここまでの話をまとめると、結局、「死」というのは、このリアルな時間からノン・リアルな時間の次元へと入っていくことだ、ということになるかしら?

そして、そちらの次元に入っても、けっして「私」というものが一気に消滅して、完全な「無」になるわけではないんだ、と。

そのつながりで言うなら、わたしは、それこそが、「死」についての最大の思い違いだと考えているのですが、どうでしょうか?

「死んだら終り」ではない

藤村　たとえば、自殺してしまう人がいる。自殺といってもいろいろなケースがあって、一概に言えないと思いますが、それでも「死んだらすべてが終って〈無〉になる」みたいな考えがかならずどこかにあるように思います。「この苦しみが終る」「死がこの苦を終らせる唯一の手段だ」……この「終り」というのは、人類にとっての最大最強の……なんて言っていいのか……「妄想」というか、でも死んだ人は──例外もあるかな?──けっしてよみがえらないのだから……「真理」というか、あえて言わせてもらえば、人類のあらゆる信仰は、この「限界」を突破するための「願い」の結晶だったわけですね。

わたしは「死」について語る以上は、なんとしても「死んだら終り」ではないというメッセージを発するのでなければならないと思うんです。とくに、若い人にそのことを伝えたい。でも、同時に、もう一方では、ほんとうは誰も死にたくないんだ、とも思うんです。自殺する人だって、明断に論理的判断を行って「死」を選んでいるわけではなくて、多くの場合、まさにそうするように仕向けられ追い詰められてしまう、けっしてみずからの自由な意志の選択としてそうするわけではないとも思います。だから、事態は簡単ではないですよね?

そういうことを踏まえて、スピリチュアルな異次元とまさに文字どおり「パラレル通信」をすることができる明世先生としては、どういうメッセージをお伝えになりたいでしょうか。

鶴見 おっしゃるように、「わたし」というものが一気に消滅して完全な「無」になるわけではない。それこそが、「死」についての最大の思い違いでは？というご指摘、わたしの考えもまったく同じです。タロット・リーディングの現場でも、みなさんからよく「一度きりの人生だから」という言葉を聞きますね。そのときは、たいてい「いやいや、そうではないけれど、あなたがそう思いたいならかまいませんが、きっとそうではなかったと〈思う時〉が来ますよ」と言ったりはします。死んだらすべてが終わるわけではないので、特に自殺や不慮の死の場合ですと、その人がパラレルなノン・リアルな時間に移行するのがとても難しくなるように思われます。すると、かえってリアルな時間が「終わらなく」なる。苦しみのリアルから抜け出せなくなるわけです。

だから、そういう人には、なによりも「生きて、生きて。精一杯、〈今〉を大切に思ってください」とお伝えしたいです。それにより自然に、パラレルなノン・リアルな時間に入っていくことができると思います。

藤村 結局、やって来る「死」を受けとめ、受け入れて、静かにノン・リアルの次元に移っていくのがいいのだけど、なかなかそうはいかない、むしろ不自然な仕方で「死」を自分自身に与えようとすると、かえってその「苦しさ」が終わらないで残ってしまう、強いていえば、その「自分」という「地獄」のなかに閉じ込められてしまう、というわけですね。つまり、「強い思い」は肉体を超えて、時間を超えて残りつづけますよ、ということ。だから、過ぎて行く「時間」のなかに「心」を「融合」させないといけない……でもそうなると、やはりもっとも大事なことは「手放す」ことかなあ?……自分の心を支配していた、「わたし」という「思い」の強さを手放す……まあ、乱暴に言ってしまえば、あらゆる宗教に共通する「教え」の核が、そういう「諦」というか「静慮」というか、そういう境地を学ぶことだったわけですから……でも、じつは、そのために、なにも宗教的な教義が必要なわけではないんですよね、ほんとうは。とても簡単なことなんだから、原理は。だが、その「簡単なこと」がほんとうに起るのはとてもとても難しい。だって、人間はいつだってなにか「しよう」とするから、その「しよう」という自分の「思い」に酔ったりするわけですし……なにか「静けさ」というか、「存在の静けさ」みたいなことが決定的に大事な感じがしますね。「死」を止めて、できる限り延命させることでも、「死」を自分に与えてすべて「終わり」にするのでもなく、「静かなる時間」へと解き放たれていくこと……。

「死」をめぐるケース（1）若きフォトグラファーの死

鶴見　はい、今のお話を伺っていてふと、あるクライアントさんのことを思い出しました。

そのクライアントさんは女性で、はじめてお会いした時、確か30歳くらいであったと思います。目がとても大きく、肌はやや青白く、日本人ばなれしたお顔立ちのきれいな人でした。

その方のご相談は、「自分はフォトグラファーで、まだ高校生の時に賞を取って大変注目された、その時に周囲の期待が大きすぎてプレッシャーから身体を壊してしまった。以来、仕事への取り組みに関して、いつも悩みが絶えない」ということでした。

それから彼女は定期的にタロット・セッションを受けるようになりました。相談の内容は、仕事、恋愛、親子関係など多岐に渡りましたが、プライドが高く内向的であるからか、物事が進み始めると途中で放棄してしまう傾向がありました。しかし、彼女としては、自分から放棄したという認識はなく、うまくいかない原因は常に周囲にあるようでした。カードでみる限りは、決して悪くはない展開であり、ご実家も大地主で一人娘、環境的にも恵まれている状況でしたが、彼女は常に、思いどおりにいかない御自分の不運を嘆いていました。

「確かに、リーディングされた内容と同じような事は起きたわ。でも、わたしにはそのグレードでは低かったの。納得出来ないことは出来ません。残念です」

彼女には、リーディングセッションは3ヶ月に一度程度にしましょうと提案し、それはきちんと守ってくださり、5年ほど定期的にお越しになっていました。

そして彼女は暮れのある日リーディングにみえました。

椅子に座るなり、大きなため息をついて、少し青ざめた顔で、

「鶴見さん、結局ね、わたしには何も良いことなんてないの。恋愛もうまくいかないし、仕事も納得する依頼が来ない。今は、両親が生きているから良いけど、不動産の管理も規模が大きすぎて、わたしには無理だと思う。結婚も、財産目当ての相手になったら不幸しかないと思う。わたしは一人っ子だから、両親を見送ることも一人でしなくてはならないの、それを思うと本当に怖ろしい。今のわたしの望みは、両親より早く死んで、両親には長生きしてもらって、ちゃんと法事もしてもらうこと、それだけなの」と言うのです。

身体はかすかに震えていて「最近は転びやすいから老化が始まっていると思う、怖ろしい怖ろしい」とも仰るので、

「ご体調が芳しくないように思われます、リーディングしてみましょうか」

「体調のリーディングは、嫌です。何か怖い事があったら嫌だから。今日は、来年の運勢を

みてもらいに来ました」

「そうですか」とカードを繰ってリーディングすると、今まで、誰のリーディングでもこんなに素晴らしい展開は見たことがない！というくらい、素晴らしいカードの配列でした。

「そんなに悲観なさることは何もないですよ。来年は、希望に沿うチャンスが来て、今まで感じたことがないような、大きな達成があり、満足感が強く得られるでしょう。貴女の望みを叶えるような協力者・パートナーが現れます。とにかく、このように良いカードは、長年リーディングをしておりますが、見たことがないほどです」と申し上げますと、彼女は少し微笑んで、「それならよいのだけど、そうなれば日々感じているいろいろな恐怖もなくなりますね」、そう言って彼女は、少し明るい顔をしてお帰りになりました。わたしは、素晴らしいカード配列にほっとしましたが、同時に余りにも良すぎることに一抹の不安を感じてもいました。

それから3ヶ月ほど経過した頃だったと思います。一日の仕事が終わり、帰る支度をしていると、オフィスのドアベルが鳴って、開けると初老の上品な御婦人が立っていました。「お仕事は終わられましたか」と問われたので、「はい、終わりましたがご予約がない方は、申し訳ないのですが拝見できないです」、と申し上げますと、「はい、すぐに終わります。御礼だけですから」と。

「わたしはあなたにお世話になっていた、フォトグラファーの母親です。娘は1ヶ月前に突然倒れ、原因不明でしたが劇症肝炎と診断され、治療の甲斐なく意識不明のまま他界しました。倒れる直前まで、変わりなく過ごしておりました。生前は、いろいろと励まして戴いたようで、ありがとうございます。これからは夫とともに娘の菩提を一日でも長く弔っていきたいと思っております」、そう仰って、「それではごめんください。先生は、いつまでもお元気で」と言ってお帰りになりました。

「彼女の願いはすべて叶ったんだ、きっと、彼女は今、とても幸せなんだ。よかったね」、そのように思いながら、お母様の背中を見送りました。

藤村 うーん。いやあ、毎度ながら……すごいお話しですね。ちょっとすぐに反応できません……それにしても、人の生き様のぎりぎりの内実に日々接していらっしゃるのは、たいへんなことですね……きびしい、激しいお仕事なんだなあ……とまずは思ってしまいます……それに、やはり人の生は厳粛なものであって、わたしがあとから何か言うのもためらわれてしまうのですが……反応する前に一つ聞いてみたいのは、最後のリーディングのときに出てきた、この方の「望みを叶えるような協力者・パートナー」というのは、結局、どういう存在だったと考えますか？　それとも、そういう者はいなかった？

鶴見 正直に申しますと、それは三次元の存在ではない、異界への水先案内的な存在ではないかと思っています。それは、それぞれの方の宗教観によってちがってきて、死神だったり、仏だったり、場合によっては天使ということになるのかなと思います。

藤村　やっぱりそうなんですね。この方の願いどおりに彼岸へと連れていってくれた存在があったということですね。

つまりは、この方は三十代の半ばで……絶望からかな……この生を生きることを諦めた、そうしたら、彼女が願ったように「死」が訪れた。早すぎる「死」なのに、わざわざ母親が明世さんのところにお礼に来るわけですから、親御さんたちもきっと彼女の「死」をなんとか受けとめることができた……そんな感じでしょうか。そして、明世さんも「彼女は幸せなんだ、よかったね」と言ってあげられた。

もちろん、お話しをお聞きして、わたしも「よかったね」と言うし、言うしかないのですが……ごめんなさい……わたしの勝手な思いなのですが、それでもなにか残ってしまう。「惜しいなあ」みたいな感覚かなあ。

どうなんでしょう？　あえてずばりと聞いてしまいますが、明世さんは、この「死」を……なんと言うのか……やはりこの方の……「持って生まれた」という言い方がいいのかどうか、わかりませんが……「運命」というか、「宿命」というか、そのようなものによって定められていたものだとお考えですか？

鶴見 はい、わたしは「運命」と思っています。「素晴らしいカードが出ましたね」と告げたときに、彼女からは「それならばまだ生きていけるかしら」とか「まだ生きる意味はあるんですね」というような、「生きる」という言葉はまったく出ませんでした。なにを申し上げても、彼女はすでに今生を手放していたのだと思います。それが彼女の選択であり、運命であったと思います。そこで「生きたい」と願っていたならば、あるいは運命は変わっていたのかもしれませんね。

でも、藤村さんは、彼女について、なんで「惜しい」と思われたのでしょうか？

藤村 いや、この人について、わたしはなにも知らないわけです。だからなにかを言う資格はない。でもね、わたしもこれまでたくさん若い人たちを教えてきているわけで、その経験からすると、高校生で賞をとったということが響いているなあ、と思うわけです。それは素晴らしいことです。でも、10代で世に出る才能というのは、オーセンティックですごいのですが、同時に、危ないんです。伸びていくべき人生がそこにピン止めされてしまうと言ってもいいかな……自分の才能に酔ってしまうとあっという間にだめになる。そういうケースはたくさんあるんです。

この方も、ご実家も裕福で生活に不安がなかったということもあるかもしれませんが、学びを通して不断に自分をつくり変えて行くという、苦しい道を行かなかったんじゃないかなあ？と推測しただけです。

きっといい感性をもった方だったと思います。でも、世界は深い、人間もまた深い。そこで彼女が、他者から学ぶということを実践していたらその「運命」も変わったんじゃないかなあ……と思ったわけですね。この人は、ほんとうの意味で誰かと出会ったんだろうか？　出会うことを怖れていたのではないだろうか？　「高校生時代の賞」なんて捨ててしまえばよかったのに……あなたはその「罠」にはまったのではないのかなあ、そういうこと誰かが言ってあげなかったのかしら……そんな感覚からつい「惜しいな」と言ってしまったんです。この人が、誰か「ああ、こんな人が世界にはいるんだ！」と感動できる人と出会っていたら「運命」は変わっていたかもしれない……とそんな夢を見ますね。

誰にとっても、人生は、人から、他者から学ぶためにこそあるんです。そのためにはそういう人と出会わなければならない、自己というお城の高い塔に閉じこもっていてはだめだよなあ……彼女の場合は、その「塔」が「フォトグラファー」という名だったんだろうなあ、と。

すみません、ごめんなさい、たんなるわたしの勝手な思いです。

鶴見　そう言われて、グリム童話の「ラプンツェル」を思い出しました。金髪の長い髪の少女の話ですが、「フォトグラファー」の彼女は、美しい金髪に恵まれていたのに、出口のない塔に閉じ込められたのではなくて、自分から高い塔に籠もってしまい、だから王子様にも会えなかったのかなあ、と。そう、彼女はずっと、「自分はカメラマンでも写真家でもなく、フォトグラファーなんだ」と言っていたんです。わたしがうっかり「写真家」と言ってしまうと、かならず「わたしはフォトグラファーです。写真家とフォトグラファーではニュアンスが違うんです」と言ってました。

藤村 そうですか。しかもグリム童話ときますか。わたしのほうは、メーテルリンクの「ペレアスとメリザンド」のメリザンドのことを考えて「高い塔」と言ってみたのでしたが……いずれにしても、「運命」というものがあるにしても、それは100パーセント確定なのではなくて、まさにそこから、今生での自分をつくっていかなければならないんだよなあ、と言いたかったんです。そのためには、その「運命」を引き受けて、そこから、いろいろな出会いを通じて、それを、ということは「運命」としての自分を、組み替えて行くことが重要なんだけどなあ、と。でも、じつは、自分だけでは自分自身をほんとうに組み替えることはできませんね。そのためには、どうしても他者との出会いが必要なんですね……でも、この方は、「他者が自分のレベルではない」みたいなあやまった観念にしばられてしまったのかなあ……そうだったら惜しいなあ、もったいないないなあ、そんな感じでした。

鶴見 そうですね。彼女は多分、自分を「稀有なフォトグラファー」として演出したかった、だから自分のステージに登場する「人（他者）」も場面も自分でプロデュースしたかったのでしょうね。でも、「人（他者）」こそが「場面」を連れてきますよね、それも思いがけない形で。そこに、人と人の間の複雑な関係性があるわけですが、そんな中でもやはり、自分と特別な関係がある人がいると思います。それは良きにつけ悪しきにつけ、その人と出会うことが運命を変える『鍵』になると思います。その上で、何を学び、どのように進んでいくか。今生を生きる中で、わたしたちはいつもたくさんの「鍵」に出会い、しかし気付かなかったりするのだと思います。

藤村 いずれにしても、この方はこの世界、この社会に絶望して、みずから「死」を願うようになった。しかし、自殺したわけではありませんよね。自分を「殺し」たわけではない。そこが、この方のすごいところですね。自殺する人の多くは、ほんとうは死にたくないのに、いろいろ追い詰められて、自殺させられてしまう、そしてそうだからこそ、じつは、「生きたい」という裏の思いがかえって強く残ってしまって、むしろこの現世につなぎとめられてしまうと思うのですが、ちがいますか？

鶴見 はい、そうです、ほんとうにそうなんです。

藤村 ところが、この方は、そのような執着を完全に捨ててしまった。だからこそ、死にたいという願いを聞き届けてくれる異次元の存在が現れたわけですよね？

鶴見 そうだと思います。

藤村 だから、彼女は静かにこの世を去ることができて、そしてきっとまた、時が来たら、この世界に戻ってくるのではないでしょうか。この魂が次に戻ってくるとき、どうなりますかね？　また同じことを繰り返すのか、それとも出会いを「待つ」忍耐を今度こそはもつことができるのか？……それは誰にもわからない秘密ですね。

鶴見　はい、なぜか、いまのお話しをうかがっていて、なんとなくですが、ここで彼女自身のことをこのように取り上げてくれてとても嬉しいと言っているように感じました。ご自分のこの世での存在が、こうして本のなかで語られて後世に残っていく……まさに、そういう願いをもっていた方だと思うので……。

藤村　そうですか。それはうれしいですね。なにかこう語ることで、その方の人生に「意味」を与え返してあげられるなら、これ以上のことはありませんね。

鶴見　はい。彼女にかわって「ありがとう」と申し上げたいです。

藤村　「ありがとう」を言うのはこちらですけどね……これではじめて心から「よかったね」と言えますから……。

「死」をめぐるケース（２）死ねなかった美容師さん

藤村　でも、こうなると、どうでしょう？　逆に死ななかった、死ねなかった事例というのはないかしら？

鶴見 あるんです。ちょうど、わたしもいま、お話ししながら、そのことを考えて、思い出していたのですが、とても死にたかったのに死ねなかったクライアントさんがいらっしゃいましたね。

藤村 そうですか、それはここで語ってもいい事例ですか？

鶴見 はい。大丈夫です。

男性で40歳少し手前、くらいの方だったと思います。最初は、その男性の奥様がリーディングにおみえになっておりまして。「主人がどうにもならないほどダメな人なんです」というご相談でした。でも、何回リーディングしても、カードには、「ご主人がよくない人」だとは出ないのです。「いや、気弱ですが善良な人だと思います、仕事も真面目になさってますし」と対応していたら、その奥さんは来なくなったんです。

それからしばらくして、美容師の男性が初見でみえました。最初からポロポロ泣きながら「自分は本当にダメ男なんです、生きていても仕方ないのです」と言うのです。そして「妻がこちらに来たことがあります、妻からあなたみたいなダメ男はいないから、鶴見先生に叱責してもらいなさいと言われて参りました」と。

「いえいえ、わたしはタロットリーダーで、《根性塾》の主催者ではないですから」と遮ってリーディングしてみましたら、経営していた店がうまくいかなくなり畳んでしまって、途方に暮れているようでした。

「妻も出て行ってしまいました、戻って来るでしょうか?」

「いえ、大変申し訳ないのですが、戻らないでしょう」

そんなやり取りをしていましたが、泣きやまないし、死にたいと繰り返すんです。

「でも、あなたが近々に死ぬようなリーディングにはならないのですね。今は沈鬱な状態ですが、次第に仕事も再開出来ますし、再婚もなさいますよ」

「それでは、今までの妻とよりを戻せる?」

「いえ、すみません。別の女性ですね」

「先生、すみませんが、それはあり得ません。ぼくは彼女だけが唯一の妻、と結婚式に誓って……」

「はいはい。とにかく、近々に死んでしまう未来はないので。あなたが自分から命を断つのは難しいと思います」

「そうですか……励まして下さってありがとうございます。でも、多分、これでお別れだと思います。親身になって頂き、ありがとうございます」

そう言って彼はお帰りになりました。

それからは時折「彼はどうしているかしら、生きているかしら」と思いましたが、そのまま月日は過ぎていきました。

半年ほど経った頃だったか、彼からメールが来ました。

「鶴見先生、以前リーディングして頂いた、妻に逃げられた美容師です。先生、失礼ではありますが、ぼくの自殺を止めないで頂けますか？　なんで、タイミング良く携帯に電話を入れてくるのですか？　もう、何回もそれで自殺出来ずに、思い余ってメールを致しました次第です」というような内容でした。

すぐに折り返し、

「あなたことは覚えていて、心配はしていましたが、良く考えてみてください。わたしはあなたの電話番号を知らないのですよ。それに、わたしはクライアントさんにこちらからは電話はしない主義なんです。何かの勘違いだと思います」

すると返信があり、

「そうですか……確かに、ぼくは電話番号を教えていませんでした。でも、いろいろな手段で決行しようとすると、電話が鳴って見ると《鶴見先生》って表示が出てる。あ、無視して失礼してはならない、と電話に出るとまったく応答はしてくれなくて、ザーザー雑音がするんです」

そんなメールのやり取りを何回かして、「ちょっと埒が明かないから、特例だけどオフィスにいらっしゃい、リーディングではなくてお話をしましょう。何日何時なら空いているから、お待ちしております」とメールを閉じました。

約束の日にきちんと、彼はみえました。痩せて、目が虚ろで身なりにかまっている余裕もないようでした。彼は丁寧な挨拶をして座るなり、携帯を見せてくれました。確かに、着信履歴には「鶴見」という表示が6回ほどありました。

「……6回も未遂したんですか？」

「はい、平均して月に一度くらいになっていたかと」

「あれ？　でも、表示が《鶴見先生》だったり《鶴見》だけだったり、いろいろですね？」

「あ、そうですね……」そう言って、彼は何かに気付いたように、目を見開きました。

「先生、今、気付いたんですが……ぼく、先生の電話番号、携帯の電話帳に登録していないです」

「え！」と、携帯を調べたら確かに「鶴見」の名前でも、携帯の番号でも電話帳には出てきませんでした。メールは、わたしのサイトの問い合わせフォームを使っていたので通じたのでした。

彼は今更ながら、驚き慌てて「なぜこんなことが？」と呆然としていました。

「携帯電話のシステム的な事はわかりませんが……わたしが言えることは、何かがあなたを引き止めているのだと思います。わたしは、いずれ必ず来るその時まで、あなたには生きて欲しいと思います」

彼はうなだれて聞いていて、「どうなるかは今は、自分ではわかりません……でも、この着信履歴は大切にします」と言って帰っていきました。

それから2年ほど経過したでしょうか。

サイトシステムから予約を取って、彼がオフィスに来たんです。

「先生、ぼくを覚えていますか?」

深々と下げた頭を上げて、彼は言いました。

「えーと、あ、《死にたい美容師さん》ね?」

「はい、そうです。大変ご無沙汰致しました。あれから、美容師の仕事に復帰して、雇われですがこのたび店長に昇格しました。そして、ぼく、結婚出来ました。前の妻ではなくて、新しく知り合った人と。今、妻は妊娠中です」

「それはそれは、おめでとうございます! 嬉しいですね」

「今日は御礼にまいりました」と少し経過報告をしてから、

「先生、あの不思議な携帯の着信履歴ですが、実は、今の妻と結婚したら消えてしまったんです。誰かが消したということは考えられません。こんな不思議が世の中にあるんでしょうか」

「あなたがもう、みずから死を選ぶことはなくなった、それが理由だと思います」

それからは彼に会っていませんが、風のうわさで元気に暮らしていると聞いております。

藤村　これまた驚くべきお話ですね……うーん。もちろん、明世さんご自身だって、どういうシステムでこの「鶴見電話」が鳴ったのか、リアルに説明することはできませんよね？

鶴見　もちろん、まったくわかりません。

藤村　でも、なんであれ、ノン・リアルの異次元的仕組みを通じて、この方が、自殺しようとすると携帯電話が鳴って、かれは思いとどまる。それでやめてしまう。わたしは意地が悪いから「あんた、これから自殺するというのに携帯電話なんか気にしているの？」と突っ込みを入れたくなっちゃいますけど、結局、この方の「死」への思いはその程度だったということでもある。このことが端的に示すように、彼はここで死ぬ運命ではなかったということになりますね。その「死なない」運命が、不思議なことに、「鶴見先生」という異次元装置を通して発動したのかなあ？　ほかの方からの着信だったら、かれは無視して死んでしまったかもしれないけれど……やはり、「鶴見先生」という名が――「名」だけなんだけれど――決定的なポイントですね。でも、そうなると、この方の前の奥さんが「あんた、鶴見先生のところに行って怒られてきなさい」って言ったことすら、このプログラムの一部という気がしてきますね……つまり、毎度の勝手な解釈ですが、この方を「ダメ」にしていたのは、前の奥さんだったということですよね？　どうしても、その奥さんと別れなければならなかった。いや、別れる運命だったということかなあ？　まあ、その「別れ」が彼には「死」と同等なものであったのだけど、それは「通過する死」だった。「新しい出会い」に向かって通過しなければならない境界だったということですね。その意味では、この方は、ちゃんと「死んだ」んですね。そして「復活」したんです。「復活」する運命だったんです。ここでも「よかったね」と言いましょうか。

鶴見　わたしは、どういうシステムで電話が鳴ったのか、という、どうせわかるわけがないことを解明しようとは思わないので、それよりも、むしろこの方の人生というか存在というか、それが、御自分に見えている人生よりも、もっと複雑な、入り組んだ、不思議な次元に広がっていることに感動しますね。「存在」は「死」を超えているんです。

藤村　そうですね、なんと言ったらいいのか、やはりそれぞれの人が強くもってらっしゃる「信念」というか、「執着」というか、そういうものは「死」を超えていくということですね。つまり、「存在」というものの核みたいなものをつくっている「念」の強さというか……。

でも、きっと、その自分自身への「執着」を捨てるというか、それを解放するというか……それこそが「死」というモーメントにおいて決定的なことなのでしょうね……そうでないと、死んでも死にきれないということになっちゃうわけで……人間にとっては、自分の「死」をほんとうに受け入れるというのはとても難しいですよね？

鶴見 はい、そう思います。

虹の橋を渡って、「死」の彼方へ

藤村 でも、もしそれを受け入れることができたなら、その人は、その魂はどうなるのかな？　リアル世界で死んでもそれで終りではないわけで、そうすると、その「死」のあと、どうなるんだろう？という問いが浮かんでくるんですが……ありていに言えば、死んだら魂はどうなるの？……そう聞かれたら、明世さんはどう答えるのかしら？

鶴見 そうですね、いろいろなケースがあると思うのですが、いずれにしても、まさに「死んだら終り」ではなくて、そこからもう一つ、この世ではない次元へと移っていくことが必要なんだと思います。

藤村 つまり、輪廻転生という視点からしても、次の「来世」はすぐにはじまるわけではなくて、こちら側の時間で言えば、何年も何十年もかかったりするわけで、その間に魂が行くべき次元があるというわけですね？　まあ、それを「天国」とか「彼岸」とか言ってもいいのかもしれませんが……。そういう死んだ後に魂がもう一つ、この世界ではない世界に入っていくというような事例がありますか？

鶴見　そうですね、いろいろなケースがありますが、いまでもそれを思い出すと涙が出てくるような、わたしが美しいと感動したヴィジョンが来たことがありました。「虹の橋」を渡って行ったんです。

藤村　「虹の橋」ですか？　うかがってもいいかしら？

鶴見　はい。

数年前のことでした。ある知り合いの方のご家族の関係で、その方のお母さんや妹さんが、親族からの恨みというか、「我欲の塊」となった怨念のアタックを受けてひどい状態に陥っていたんです。怪我なさったり、いろいろあって。実家の土地なども絡んだ一家の怨念なんですけど……その元は、その方の叔父や叔母にあたる人たちで、すでに亡くなっていたんですけど、それゆえに一層、執着が残って、霊的なアタックも強くて……こういう場合は、その死霊の怨念を剥がすためには、僧侶ならお経、宮司ならば祝詞、牧師ならば祈りの言葉というような手段を使うのだと思いますけれど、わたしは、そのような宗教的な方式ではなくて、スピリット、この場合は白龍でしたけど、に依頼して、そうした魂を現世とは別の世界、まあ、「常世」と言ってもいいのですが、その境界線にまで運んでもらうということをしたのです。

藤村　一言で言えば、シャーマン的なやり方ですよね？

鶴見　はい、そう言っていいと思います。ただ、ドラゴンは、魂をその「常世」にまで運んでいくわけではありません。かれらは、「現世」と「常世」をつなぐ橋のところまで連れて行くだけです。それがどこにあるのか、わかっているんですね。そして、その橋は、とても美しい「虹の橋」なんです。

藤村　そうか。三途の川にかかる橋は光の橋、「虹の橋」なんですね？

鶴見　はい。でも、そうなっても、「渡る」のも結構、たいへんなんです。人によって違ってくるのでしょうけれど、このケースの場合は、亡くなって、それほど時間が経っていたわけではなかったようですけど、ずっと恨み続け、憎み続けていたこともあって、エネルギーは枯渇してぼろぼろで、もはや人の形を保つこともできないほどで、いまにも霧散してしまいそうな真っ黒なかたまりになっていたんです。かたまりはモゾモゾ動いて橋を渡ろうとするのですが、少し這うくらいで、どうにも動けない。渡れない。「どうなるのだろう？」と思ってハラハラしていましたら、そこに突然、一人の男性が現れたのです。男性は、こちらに背中を向けていましたので、顔立ちはわかりませんでしたが、作業着のようなものを着ていて年配のようでした。
その作業着の男性は、二つの崩れたかたまりに駆け寄り、しゃがみ込み、なにか語りかけ、かばうように抱えて撫ぜていました。覗き込むようにしながら語りかけ、撫ぜているうちに、二つのかたまりは徐々に人の形になっていきました。真っ黒な影のようなままではありましたが、少しずつ立ち上がるような姿になりました。一体は女性、もう一体は男性のようでした。
すると、作業着の男性は、両脇に、この影の二体を支えるようにしながら「虹の橋」をゆっくりと渡り始めました。彼らが一列になって渡り始めると、歩くにつれて、歩いた跡は光りながら消えていき「虹の橋」はだんだんとぽっかり宙に浮くような形になっていきました。影の二体は、時折、崩れ落ちるように歩みを止めたりしたのですが、作業着の男性は、優しく促し、励ましているようでした。彼は虹の光に包まれて輝いているように視えました。ゆっくりゆっくりとその三体は虹の橋の頂点に辿り着き、そうすると、そこで、虹も三人の姿も消えていきました。

藤村 その作業着の男性というのは、誰だったんですか？　僧侶とか、宮司とか？

鶴見 いや、わたしの知り合いの方のお父様だったと思います。だいぶ前に亡くなっていらしたはず

虹の橋を渡る

虹の橋を渡る霊体を見送る白龍

です。小さな工場を経営なさっていたと聞いていますので、僧侶とかではなかったですね。

藤村 つまり、普通の人だったのだけど、ご自分の家の混乱を見て、自分の兄弟が自分の妻とか子どもとかを恨んでアタックしているのを見て、家長としての責任感なのかな、この二人を「彼岸」へと連れていかなければならないとやってきて助けてくれたということでしょうかね？ そのときまで、この方自身も、先に「橋」を渡って行ってしまうのではなくて、待っていてあげたのかしら？

鶴見 そのあたりは、正直、良くわかりません。でも、多分、すでに「虹の橋」を渡って常世に行っていらしたのではないかな、と思います。でも、必要を感じて——どなたかが「助けてよ！」とお願いしたのか、あちら側にいながら状況をお察しになられたのか——とにかくお迎えにいらしたのだと思います。常世を知っておいでだからこそ、現世まで迎えに来られたのかと。

藤村 やさしいですよね？ たんなる親切なんていうのとはちがって……ほんとうにやさしい。きっと、——こんなこと言ったら顰蹙をかうでしょうけど——じつは宗教的な教義とかどうでもよくて、この「やさしさ」があれば、誰でも「虹の橋」を渡っていけるんですよね？

鶴見 はい、そのように思います。

藤村 わたしもいつか、その「虹の橋」のたもとに行くのかなあ？ なんだか、楽しみになってきました けど……よろしければ、あとでそのヴィジョンをスケッチしていただけませんか？

鶴見　はい。わかりました。わたしもこの美しいヴィジョンをみなさんと共有したいです。

藤村　ありがとうございます。「死」をめぐるわたしたちの対話も、「虹の橋」のたもとに辿り着いたところで、とりあえず終わっていいんだ、という気持ちになりました。もちろん深いテーマですから、まだまだうかがうべきことはたくさんあると思いますが、今回はここまでにしましょう。

　最後になにか、一言ございますか?

鶴見　わたしは「虹の橋」はあると信じています。それぞれの方の宗教や信仰のあり方によって、現れ方の違いなどはあるかもしれませんが、「死んだら終り」ではなくて、死んだ後にこそ、「虹の橋」を渡って向こう側へ行くという大事な、大事な仕事が待っているということですね。ある意味では、これ以上に大事な仕事なんてないんじゃないかしら?　この「虹の橋」を渡って、それでようやく、ほんとうに正しく「死」んだことになるわけですから。

　でも、「虹の橋」は歩いてきてくれるわけではないんです。そこには、自分で辿り着かなくてはなりません。そして自分で渡らなければならない。もちろん、お話しさせていただいた「作業着のお父さま」のように、誰か、別の存在に助けてもらうこともできるのですが……。

　そうですね、この方のように、特に強い信仰心をおもちだったわけでもなく、宗教的な実践を繰り返していたわけでもないけれど、他者に対するほんとうの「やさしさ」を学んだ方こそが、「虹の橋」を渡り、そしてほかの人がそれを渡るのを助けることができるのだと思います。

「生きているあいだに、どれだけのやさしさを学ぶか」――それが鍵ですね。そういうことは、安易なハウツーものでは学べないことです。また、なにかを信じればそれでOKというわけでもない。

だから、生きているあいだに、精一杯、独りよがりではない「やさしさ」を日々学びながら生きていけたらと思っています。

第4部 「〈水〉で〈虚〉を洗い、〈火〉で浄化する」

龍を探して、龍に頼む

藤村　前回の「死」をめぐる対話の最後で「虹の橋」の話をしてくださったときに、明世さんは、白龍に頼んで霊魂を運んでもらったと語ってましたね。これは、また大きなテーマだなあと思って、あのときはあえて問い直さずにスルーしたのでしたが、今回は、あらためて龍についてうかがってみたいのですが、どうでしょうか？

なにしろ『スピリチュアル・コード』第1巻でも、青龍との長年にわたる深い関係について述べたあとで「その青龍が消えてしまったのだけど、それについては、いまは語れない」と言ってらした。たぶん、それが「謎」として残っている読者も多いと思うんですね。

鶴見　はい、『スピリチュアル・コード』の読者から、ありがたいことに、多数の感想を頂いているのですが、その中で「〈わたしの青龍〉はどうなってしまったんですか？」とか、「長年、助け合ってきた青龍がいなくなって寂しいでしょう？」など青龍に関する質問も多かったですね。なかには、「もし青龍が帰ってきたらぼくに売ってくれませんか？」という人もおりました。「もう10回以上読み返し、その青龍のことばかり考えてしまっています、なぜでしょうか？」と質問してきた人もいらっしゃいました。皆様の心に、青龍の存在がここまで深く、響いたんだ、と嬉しく、また真摯に受け止めています。

藤村 やっぱり皆さん気になりますよね。さらには、スイスのシャフハウゼンでのエグゾルシズム（悪魔祓い）の出来事のときも、そこにいたヨーロッパ人の観衆たちには「大天使」と視えていた存在が、明世さんには「光輝く宝石のドラゴン」であったとびっくりするようなことをおっしゃってましたよね？

つまり明世さんにとっては、龍あるいはドラゴンは、なによりも親密なスピリットということになるように思いますが……？

鶴見 そうですね。『スピリチュアル・コード』の出版以前は、龍やドラゴンに関することは、わたしだけの秘密でけっして公表していなかったのですが、正直に申しますと、非常に関係性が深い、わたしとの共鳴が強いスピリットであることはまちがいありません。

藤村 そういうこともありますので、今日は、ずばり明世さんと龍との関係について訊いてみようかと思うのですが……まずは、前回の「虹の橋」についてですが、あの場合、明世さんは、その崩れかかっているような黒い霊体二体のために、白龍を呼んで、「虹の橋」のたもとまで届けさせたということでしょうか？　そういうことをよくなさるのかしら？　つまり、明世さんのことを「龍使いのシャーマン」と言っていいのかしら？

鶴見 はい、ですが「使っている」というよりは協力を仰いでいる相手、頼みやすい相手という認識です。そうですね、龍に手伝ってもらうケースがかなりあることはたしかです。
前回お話しした「虹の橋」ミッションのときは、じつは龍のスピリットをキャッチしにくい場所で対処していましたので、そのようなときは、Raven（大鴉）（自在に扱う為の自身の霊体）を飛ばして、龍を探してと依頼していますが、いわゆる自然の中、特に山の中では呼びやすいので、通常モードで呼ぶことが可能です。

藤村 Ravenとは、あのアパッチ＝チェロキー族のシルヴァーバードとの「かくれんぼ」で突然、出現した明世さんのもう一つの霊体でしたね。つまり、明世さんがRavenとなって、白龍を探しに行ったということかしら？　細かなことですみませんが、白龍、どこにいたのでしょう？　その白龍は、なじみのある龍だったんですか？　どのくらいの大きさだったのかなあ？……とか、いろいろディテールを訊きたくなっちゃうんですけど……？

鶴見 お話しても、お伽話かファンタジーみたいになっちゃうんですけど、Ravenとなって空に上がって行く、そう、だいたい中層圏、つまりひつじ雲が浮かんでいるくらいの高さなんですけど、そうすると龍に会えることが多いです。たいてい白龍ですね。日本では、白い龍がいちばんポピュラーです。
もちろん、陸の水場のあたりにも多くいるんですけど。ちなみに水の中にいる龍体のことは、この国では「ミズチ（蛟）」と呼んでますね。それは、空の白龍とはまたちがう種類です。

あのときもそうでしたが、Ravenとなって空に昇っていくと、中層圏あたりにたいていい白龍がいて、こっちに気がついてくれるんです。「珍客が来たぞ」みたいな感じで。

藤村 つまり、なじみの龍ではなく、はじめて会ったということですね？

鶴見 はい。わたしは、基本的に、その場その場で、わたしに呼応してくれる龍体にお願いしますね。この高さにいる龍は大きさがだいたい平均で5～10メートルくらいはありますから、人の霊体を運ぶのには問題がないんです。パワーがあります。

藤村 Ravenとなった明世さんが空に昇っていって、そこにいた白龍に「これこれの人の霊魂を〈虹の橋〉まで運んでね」と頼むということですか？　うーん。明世さんはさらっとそうおっしゃいますが、これは、じつは、明世さんのもっとも大事な「秘密」じゃないのかなあ？　それを明かしてしまっていいのかしら？　ちょっと心配だなあ……つまり、これは、明世さんは、龍たちに命令することができる存在だということですよね……わたし、断言しておきますが、そんなことふつうの人間にはできません。明世さんは、もちろん100パーセントこの世の「ふつうの人間」でもあるのですが、同時に、また龍たちに（明世さんご自身は「依頼する」とおしゃいますが）「命令する」ことができる存在なんですね。

わたしが明世さんに最初にお会いしたときのリーディングの場面は『スピリチュアル・コード』のなかですでに語られていますが、二度目にお会いしたとき、つまりそれから半年後くらいだったか、ある少人数の集まりに明世さんをお呼びしたときに、いらした明世さんが、突然、みんなの前で掌でテーブルを叩いて「邪霊がいたので祓ったわ」とおっしゃった。それを見ていて、なぜか、「この人、龍王女だなあ」とわたし直観したんです。法華経の提婆達多品《だいばだったほん》第十二に出てくる「娑竭羅龍王女」ですね、いわゆる「変成男子」で成仏する龍女ですが。やっぱりあの直観は正しかったんだ、といま、思いましたが……。

鶴見 困りました……そうですねえ、わたしは藤村さんのようにお経に通じているわけではなくて、法華経に龍女が出てくることは知っていますが、それ以上の知識はなく、ましてや自分がそれだなどという認識はないのですが、そういうふうにインドでもヨーロッパでも日本でも古代からさまざまな神話や伝説で取り上げられている龍ないしドラゴンという存在が自分となにか深いつながりがあるということは感じているんです。「つながり」といってもいろいろあると思うのですが、たしかにどこか同族的な感覚もあるんです。

こういうことは、これまで一度もはっきりとは公言したことはないし、そうしたいと思っているわけではないのですが、『スピリチュアル・コード』の青龍の一件もあるし、こうして藤村さんと対話本をつくっているのも、どこか、そういうことをもう少し前面に出すべき時になっているのかなあとも思ったりしているところでした。

藤村 明世さんに無理させてしまってますかしら？

鶴見 いえ、そうではなくて、やっぱりいま、人類の歴史とか文化とかが大きく転換していく時ですね。そのときに、龍とかドラゴンという存在、特にわたしにとって馴染みがあるタイプの龍とかドラゴンは、やはり水だったり、大気だったり、山などの大地だったり、海だったり……火もありますけれど……そういうこの地球の自然と深く結びついている存在だと思うんです。人間の近代の文化が忘れたり、抑圧したり、封印してしまった、自然と溶け合っているそうしたスピリチュアルな存在をもう一度思い出さなければならない転換点ではないかなあ、と感じているので、そうした歴史のなかで、もし『スピリチュアル・コード』第1巻で申し上げたように「勇気をもって流されなければならない」としたら、わたし自身も「勇気」をもって、もう一歩だけでも前に行かなければならないだろうと思いはじめているということです。

藤村 ありがとうございます。いま、言われたことはとても重要なことだと思います。つまり、龍やドラゴンというと、中国の皇帝を守護する「五爪の龍」とか、日本で言えば八岐大蛇とか、権力とか支配に強く結びついていたり、あるいは金銀財宝を護っているものとして所有欲と強く結びついていたりするし、西欧では悪魔的とされて天使が調伏するパターンの伝説があちこちにあるわけですが、明世さんにとっては、自然の根源的な諸力と深く関連しているスピリットであるということですよね？

鶴見 はい、原始の昔から地球とともに存在してきた、なんらかの意思を持つエネルギー体＝スピリットであると考えています。とくに、地球は「水の星」なので、その「水」と強い関連性をもつスピリットであると感じています。

藤村 ふつうの人間の目には見えないけれど、地球の自然のなかには、そういうエネルギー体の存在がたくさんいる。明世さんはそうした太古の存在と「つながっている」ということですね。

鶴見 はい。

富士山のほうから龍が来る

藤村 でも、先ほどのお話しにもあったように、明世さんは、ご自分の意識をハヤブサとかRavenの形に変容させることができて、それでたとえば「ひつじ雲」の高さにまであがっていくわけですよね？　そして、『スピリチュアル・コード』の読者には、いわゆるアメリカ・インディアンの長老的シャーマンのシルヴァーバードとの出会いによって、明世さんが、Ravenという存在をもつことが可能になった経緯が明かされているわけなんですが、Ravenは龍ではないわけですから、明世さんの龍体との「つながり」はそれとは別の次元のことなのかしら？　そのようなドラゴンとの本質的な「つながり」があったからこそ、あの〈わたしの青龍〉とこの深いふかい関係が成立したんだということはよく理解できるのですけれど、このドラゴンとの同族的な「つながり」は物心ついたときからあったのかしら？　それとも、Ravenが生れたときのシルヴァーバードのように、誰か他の人の導きによって自覚するようになったのかしら？

鶴見　とても難しい質問です。はっきり言って、よくわかりません……どうお答えしたらいいのか……でも、いま、そう言われて急に思い出すのが、幼い頃に過ごした三島の風景ですね、3歳～5歳くらいのあいだ三島に住んでいたんです。家の玄関から正面に大きく富士山が見えていました。わたしはよく家で一人で留守番していたのですが、とてもさびしくて、でも「さびしい」と言って親を困らせたくないのでじっと待っているようなときに、誰か遊びに来ないかなあと思っていると、富士山のほうから銀白色に光る、空中を泳ぐタチウオみたいな筋状のものがひゅんひゅんという感じで飛んでくるんです。近くにくると視えなくなるのですが、少しだけ冷たい細長い空気の対流のようでしたね。そばにいてくれる風みたいな筋のような存在……でも、ご近所のお宅に預けられる時もあって、そこからでも富士山が見えるのですが、そのお宅では来てくれませんでしたね。東京に引っ越してからは富士山が見えないので、すっかり忘れてしまっていましたが、いま思い出しました。

藤村　幼い明世さんがさみしがっていると、富士山のほうから子どもの龍が遊びにきてくれたみたいなことですかね？　つまり、生まれたときから、龍は仲間だったということになるのかなあ……不思議な人ですねえ。でも、やっぱり「一筋の風」なんですね、前にも青龍について、そう語ってらっしゃいましたもの。

鶴見 はい、青龍は時間をわかちあい、背中を預けることが出来る朋友でした。またそれは意志を持ち連続する空気の流れでした。

藤村 こういうこと、わたしにはよくわからないのですが、明世さんは、たとえばリーディングのときに、たとえばこの現実のオフィスの時空のなかにいるわけだけど、同時に、場合に2Dだったり3Dだったりするようですが、ノン・リアルなヴィジョンを視ているわけですよね？　それと同じように、存在に関しても、一方では100パーセント、ふつうの人間として存在しているのだけど、同時に、もう一方の見えない次元においては、それとは別の存在でもあるということですかね？

それを、たとえば「存在のダブル」と言ってもいいかもしれないと思いますが……でも、こんなこと言うと、いまでは「統合失調症」と言うようですが、まさに「分裂症」的存在ということになるのかもしれませんが、明世さんには、わたしが知るかぎり、そういう徴候はまったくないですね。こんなこと言ったら失礼かもしれないけど、とてもふつうのヒューマンです。ご家族のことでもいろいろ悩みを抱えていらしたし、ご家族のためにずっと必死で働いてこられて、金銀財宝などとも権力ともまったく無縁のつつましい庶民として生きてこられていると思うのですね。霊視者とかスピリチュアル・ヒーラーとして華々しくメディアに登場したりもしていない。

でも、同時に、明世さんには、ヴィジョンもそうですが、異次元世界のことについて、圧倒的にヒューマンの限界を超えた力をさらっと行使したりなさるわけです。それがあまりにも、こちらの想像を超えているので、逆に普通の人にはよく理解できないということにもなる。たとえば『スピリチュアル・コード』で語ってくださった「犬神所作」なんてその典型でしたね。あれは、青龍とのチーム・ワークでもあったようですが、やはりそのように青龍とチームを組むことができる存在でもあるわけなんですね。つまり、明世さんの言葉を使えば「魂のDNA」は龍であり、ドラゴンですよ、と。

鶴見 それはたぶん、そのとおりだと思います。だからこそ、なるべくそのことが目立つことがないようにといつも意識してましたね。もちろん、存在も魂も、100パーセント・ドラゴンなのではありません。言うならば、魂のDNAの二重螺旋の一本がヒューマンで、もう一本がドラゴンということかもしれません。

藤村 比喩としてはわかりますが、すみません、DNAの二重螺旋は、それによって遺伝子が複製される仕組みなので、二つの鎖がたがいに対応していないとだめなんです。「魂のDNA」だとそうではないのかもしれませんが……それはおいておくとして、三島の子ども時代のお話しのように、物心つく頃から地上的ではない異次元の存在としての龍たちとつながる感覚があったということになりますが、その後、その富士山の龍たちとの再会というような場面はあったのかしら？

鶴見　いえ、三島の龍のことは、いま藤村さんに問われて思い出したので、その後に再会したということはないですね。あとはずっと富士山から遠いところで生活してましたし……でも、わりと最近のことですが、富士山麓の朝霧高原で、まえにお話しした青龍や地元の白龍などとともに、結構、大きな所作をしたこともありますね。

朝霧高原の所作、青龍とともに

藤村　所作ということは、前に「犬神所作」のときと同じように、その土地に関係する、――なんと言ったらいいのか――負の状態にある異次元存在にかかわることということですか？

鶴見　そのとおりです。昔に娯楽施設などがあった土地の再開発に関することだったのですが、「土地を浄化してほしい」というご依頼があって、リーディングなどして事前調査をしたのですが、前にお話しした青龍が「これは一般的な土地浄化案件ではなく、封印案件だ。封印されてるのはどうも金龍、つまり位が高い龍体のようだ」と。つまりスピリチュアルな視点から視ると、

藤村 その土地の古来からの守護龍であった金龍が――乱暴な開発によってなのか、わかりませんが――言わば動きを止められ、封印されてしまっている。その強い負の影響が土地全体を侵しているということでした。青龍が言うのは「これは簡単に済む所作ではないな。地場の龍にも助力をお願いしなければならない」と。なにしろ金龍は頭を地中深くに埋め込まれた形で封印されているので、それを探し出して封印を解除するということになったんです。

「開発」という名目で、人間が自然のなかに暴力的に介入して、その本来の力を封印したり、破壊したりする。すると、犠牲になったその自然の力が、――前の回のテーマに即して言うなら、それはあくまでも地球の「自然」の力なのだから、「虹の橋」を通って「あがっていく」こともできずに――そのままその土地に縛りつけられているという感じでしょうか？　ずたずたに傷つけられて身動きもできずに。しかし、それは、人間の眼にはまったく見えない。

鶴見 はい。

藤村 で、最終的には、やはり朝霧高原の現地に赴いて、明世さんがおっしゃる「所作」をなさったわけですよね？　まあ、そのディテールは秘密でしょうから、ここでうかがおうとは思いませんが、その金龍は、どういう場所に封じられていたのでしょう？　そして、地元の龍はすぐに来てくれたのですか？

鶴見 はい、山の中なのに船を祀っている古い神社があったのです。場所のエネルギー的にも「船」

から龍体をイメージ出来ることからも、その周辺ではないかと思いました。所作が終わると、大地からいきなり少しキラキラする光の筋が飛び出しました。長さは15メートルくらいだったと思います。その光の筋は、地を這うように低空飛行であっという間に山あいの湖の方向に飛び去りました。

藤村 ということは、その龍が封印されたのは、最近の土地開発のせいではなくて、もっともっと古い時代のことなのでしょうか。それが「船」を祀る神社として残ったということでしょうか？

鶴見 古い祠や神社というのは、そういうものでもあるのかもしれないですね。

この案件に関しましては、遠い昔に何らかの要因で封印された存在が、近年の土地開発により、結果としてさらにその存在を貶められることになり、問題化したということかと思います。もちろん、土地開発にかかわる方々は知り得なくて当然の情報ではありますが……なんらかの封印のために「祀り」をすることは少なくはないように思います。たとえば神田神社三ノ宮とか、天満宮とか。名称や祭事に特徴があったりします。

藤村 とても深い話しですねえ……明世さんはそういう封印解除のようなことを、その前にもたくさんやっていて慣れてらしたんですか？

鶴見 いえ、四神のスピリットに働きかけて土地を浄化する所作は、それまでにもいろいろな場所で実行していましたが、封じ込められたスピリットを解放するのは初めてでした。高貴なスピリットが何らかのパワーによって封印されている。でも、わたしのような単なる人ごときが解除出来るの?とも思いましたが、青龍はまったく意に介さず「やるぞ」と。「この土地には幸い、富士山系の白龍がたくさんいる。その龍たちの協力によって、土地の忌みを浄化して解放するのがたやすくなるぞ」と。それでも躊躇していると、青龍のほうは「とにかく所作するんだ、しているうちにいろいろと思いだすから。さあ、すぐやるぞ」という感じで、背中を押されるようにして、金龍封印解除所作が一気に始まったんです。

藤村　その白龍たちって、じつは、昔、幼い明世さんと遊んでいた「タチウオ」君たちが大きくなった姿ではなかったのかな?と、勝手に思ったりしましたが、どうでしょう?

鶴見　そうですね。そうだったら嬉しいですね。

藤村　で、その後、その土地は、うまく再開発が進んだのでしょうね?

鶴見　いえいえ、じつは、そう簡単にはいかなくて……解放所作が終わって2ヶ月くらい後だったですかね、現地から依頼が入ったのです。関係者に事故が続くし、なんとなく該当地と周辺の空気になんとも言えずに嫌な感じがある。つまり「解放された金龍が逆に祟っているんじゃないか、ちょっと見に来て欲しい」と言われました。

　青龍にきいてみると、「金龍のような存在は、封印されていたからといって人に祟ったりはしない。なにか違う魔が動き出したのだ。だから、おーい、また行くぞ」と。そんな感じでまた現地へ行くことになりました。すると、該当地内の水源に黒い魔物がいたんですね。多分、あの金龍の封印に関係する魔物であったのだと思います。で、今度は、逆に、この水源の魔物を封印する所作を実行しました。そしたら、その所作には復活した金龍も参入してくれて、青龍とわたしを助けたんです。

藤村　その「黒い魔物」って、いったい何だったんですか？

鶴見　わたしが感じた限りでは人霊ではなかったです。祝福をもたらす存在に対して攻撃して、非常に暴力的な「破壊と支配」をもたらすもの。でも、「鬼」ではなく西洋の悪魔に近い存在であったように思います……そう言えば、それが写っている写真ありますが、ご覧になられますか？

藤村　ええっ？　そのスピリチュアルが写真に写るんですか？　見てもいいですか？

鶴見　はい、大丈夫です。とてもめずらしい写真ですけど。ちょっと恥ずかしいですが。これです〔と鶴見はスマホのドキュメントから1枚の写真を探し出して藤村に見せる〕。

藤村　たしかに、なにか黒い不気味なものが明世さんの体に取り憑いていますね？　こういうときは、体になにか強く感じるのでしょうね？

鶴見　水源の中に石造りの小さな祠がありまして、そこを依り代として魔が集まってきていました。その祠の周辺は空間が歪んでいるように感じ、なんと申しますか、「殺気」に近いような非常

祠と鶴見（右腕から背中、頭へと黒いものがへばりついている）

に破壊的な意識を感じました。その場にはわたし一人ではなく、何人かの関係者と同行したのですが、みなさん「寒気がする」とか、「なんだか不安な気持ちになってきた」と口々に言ってました。これはまずいなあと思うのですが、「準備をしてから出直しますね」とは言えない切羽詰まった空気が漂いましたので、「ちょっと失礼します」と皆さんに言って急いで服を脱いで下着状態になって、水に入って祠に向かいました。祠に近づくととても強い重力を感じて、祠の前でずぶ濡れで土下座するような姿勢になってしまいました。でも、やっとのことでなんとか頭をあげて立ち上がり、でも腰から下は鉛みたいに重いし、肩も首も骨がぎしぎしきしむような痛みがあり、「これはかなり手強いな」と思った途端に青龍の声が響きました。

「祠の扉を閉じろ、中に封じ込める」

「え、祠は石で扉だって彫り込まれているだけだから、開いたり閉じたりしないけど……」

「いいから扉を押さえろ、助っ人も連れて行くから」

そんな交信があり、わたしはすぐに石の祠の扉部分を押さえました。すると、腕がジンジンするような振動を祠から感じ、同時に背中に強い圧力を感じました。青龍が助けてくれているんだろうけど、わたしの腕が折れたらどうなるのかな、とも考えたりしました。でも、腕が折れる前に、祠の振動がおさまり、背中も軽くなりました。

封印が済んだのかな、と立ち上がると、青龍の風と並んで、白金色に光る風の筋、その周りに多数の白い細い風の筋が絡まるようにしながら富士山の方向に去っていくのが見えました。

藤村　いつもながらすごいお話しですね……うーん、結局、今度は明世さんが青龍や白龍たちとともに、この黒い悪魔的なものをその石の祠に封印したということになるのでしょうか。

鶴見　そういうことになると思います。青龍は、「今回は、とりあえずの処置だ。あとは、人間がこの地をどのように大切にしていくかによって、封印の期間は変化してくるがね」と後に伝えてきました。

藤村　しかし、こういうモノが写ってしまうというのは、すごいですね。やはりその不気味なエネルギーが痕跡を残すということですね。こういうものは写そうと思って写せるものではないと思いますが、でも、こういうものが写ることもあるとしたら、龍が写りこむことなんてないのかしら？

八ヶ岳の龍が写真に写る

鶴見　滅多にないですね。龍は高速で動きますので、きれいな虹のような光の帯が写り込むことはよくありますけれど、「龍の姿」そのものが写ることは、大変難しいと思います。あ、でもじつは、今までで一度だけあるんです。

藤村　えっ、そうなんですか。見せていただけますか？
鶴見　はい。
〔鶴見は同様に1枚の写真を探し出して見せる〕
藤村　ほんとうだ。水のなかに龍の黒い顔が写ってますね。これも富士山の龍なんですか？
鶴見　いいえ、八ヶ岳の龍です。たしか朝霧高原の所作の6年後くらいだったと思いますけど。小淵沢近隣の水源で所作をしたときに、わたしが自分で撮った写真です。
藤村　この水が水源の水なんですね？
鶴見　はい。ですから、池ではなくて、ほんとうに小さな水の流れがそこからはじまっているんです。この地方にお住まいの女性のクライアントさんから、「水源巡りが好きで、いろいろな水源を訪れていたら、体調がおかしくなってきた。自分が自分ではないみたいで精神状態も良くない。何が原因でしょう？」とご相談がありました。そこで、その地方にいくつかある水源を調べてみたら、わりと大きな水源のところに過去に起きた水害の石碑があり、そこに問題があることがわかって対処したんです。
　でも、そのときに調べていた別の水源が、わたしに呼びかけてきたのです。「封印を解いて欲しい」と……もちろん、水源自体は呼びかけては来ませんから、そこになんらかのスピリットがいるのだと思いました。それで、行ってみたんです。あたりに人家などもない山のなかで

水源にとび込んだ黒龍

すが、道路から少し入ったところです。ほとんど人が立ち入るようなところでなく、目立たない小さな水源でした。そばの小さな岩にしめ縄が巻き付けてあって、そこから先は立入禁止になっていました。それだけなんです。しめ縄も古いものでしたし、なにかを祀っているとも思えない感じでした。

で、そこにしばらく佇んでいたのですが、そうしたらヴィジョンが視えたのです。しめ縄が掛けられた岩の周辺に、体が石でピン留めされてばらばらにされているような黒いかなり大きい龍、それと水源の中に深く頭を突っ込んで沈んでいる小柄な美しい龍が視えました。この小さな龍はきっととても位が高い幼龍で、体を押さえられて留められているのは、その幼龍を護る守護の龍なんだと直観的にわかりました。なんらかの要因があって、ここに閉じ込められ、封印されている。そう感じました。この黒い守護龍が助けを求めてわたしに呼びかけてきたんだ、と。

藤村 その黒い守護龍というのが、ここに写っている龍なんですね？

鶴見 そうです。

藤村 なぜ封印されたんでしょう？

鶴見 けっして悪しきスピリットとは思えませんので、いったい何がこの龍たちを封印したのか、と思ったりはしますが、じつは、こういう場合、わたし自身はあまりそういうことを追求したりはしません。日本の龍に関しては、わたしは介在者としての立ち位置と思えるので。

藤村 介在者ですか。つまり、直接的ではなくて、一歩距離があるということでしょうか？

鶴見 はい。つながってはいるけれど、同じではないというような……なので、ともかくまずは助けてあげなくては、という感じですね。でも、その小さな龍はとても繊細で高貴な感じを受けましたので、ダイレクトに働きかけるのは難しいと感じました。でも、黒い守護龍のほうの封印を解除すれば、それが復活して水源の幼龍を救い出すのではないか、と判断して、黒龍の方への所作を行ったんです。

　石で封印されたような体に対して封印解除の所作を行ったのですが、するとすぐにその体がつながって、みごとな大きな黒龍が現れました。そして、動いて地を這うや否や、あっという間に一気に体を縮めて水源の中に飛び込んでいったんです。そして、しばらくすると、黒龍は腕に小さな美しい龍を抱えて水から飛び出して嬉しそうに八ヶ岳に向かって飛んでいきました。この写真に写っているのは、黒龍が水源に飛び込んだ瞬間です。

藤村 うーん。あの……ばらばらにされていた体が、一瞬のうちに元通りにつながって復活したということですか？

鶴見 はい。封印を解除さえすれば、「元々の時間に戻る」ので結果、元通りに復活という形になります。

藤村　ということは、「封印」とは、「生きる時間」を止めるということなんですかね？　なんとなく、向こうの世界の時間を止めて、われわれのこの世界の時間のなかに釘付けにするみたいな感じですかね？　まさにこの場合、石でピン留めされていたみたいに。そのピンを抜いてあげれば、一瞬で、元の向こうの時間に戻れるみたいな？……前の対話で問題になったように、われわれは死ぬことで、この世界の時空を離れて、虹の橋を通って、その彼方の世界に行くのだとすると、その龍たちは逆に、こっちの世界に留められているみたいな……でも、その龍たちもたとえば八ヶ岳とか富士山とか、こちらの世界のなかにいるのでもあるわけですが……「時間」は別なんですかね？　なんだか、話がこんがらかってきますね、すみません。

鶴見　なんて申し上げたらいいのか……わたし自身もよくわかっているわけではないんですけれど、お尋ねなのであえて思うことを言ってみると、ある意味で龍たちは、こちらの時間ともう一つ別の時間を行ったり来たりしている存在なのですが、それが、こちらの三次元の時空のなかにロックされてしまった、まさに「ピン留め」されてしまった、そんな感じなんです。ですから、この三次元ロックの解除は、やはり三次元の世界で行わなければならないので、向こう側からはできない。それで、こちらの三次元の世界にいる存在が呼びかけられるのだと思います。そして、こちら側から、その「ピン」を抜いてあげると、そこに留められていた向こう側の時間が復活して動きだす……抜ければ一瞬で「留められていた時間」がまた流れはじめるのです。

藤村　すごいですね。まさに（ハイデガーではないが）「存在と時間」じゃないですか！　めちゃくちゃ深いですね……こりゃ、まさにこっちの三次元世界にピン留めされているヒューマンには絶対に理解できませんね……説明もできない……でもそれこそが「魔法」ですね……なんというか、「呪術」とか「魔術」とかではなくて、つまりそういう普通の人間にはわけのわからない技法なのではなくて、この世界における存在のあり方に本質的にかかわっているということになりますね……いやあ、すばらしいです。

鶴見　そこまでおっしゃられると、こちらも恐縮して困ってしまいますが、たしかに「技法」なら、それをお伝えすれば、誰でもできるということになるわけですが、では、わたしがある「魔術の技法」をもっていて、それをお伝えすると、それを受けた人が同じようにやれば、このピン留めされた龍を解放できるかというと、ほとんどそれはできないと思いますね。

藤村　つまり、それは明世さんでなければならない。問題は秘密の技法があるかないかではなくて、明世さんという存在が鍵だ、ということですね。

鶴見　ありがとうございます。そう言っていただけると、なにか大事なことを受けとめてくださったという感じがいたします。そうなんです、どう言っていいのか難しいのですが、わたし自身の存在の本質が、ほら、分子の構造式というか、立体構造のようになっていて、それを鍵穴に差し込むと、カチッと回って一瞬のうちに鍵が開くみたいな……いや、そう簡単ではなくて、それぞれのケースによって、とても微妙なことがたくさんあって、なにしろ鍵穴がどこにあるかわからないとどうしようもないですし、鍵が回るためには、なにしろ次元が違うわけですから、ものすごい力がかかるわけですし……。

藤村 ですよねえ……技法なら、それを習得した、たとえば高僧でも神官でも、自分の身は安全なところにおいたまま「お祓い」したり、「九字」を切ったり、いろいろ所作はできるでしょうけれど、そのとき、自分自身の存在は危なくないですよね。ところが、明世さんの場合は、わたしが知っている限りでも、自分自身の存在をいつも危なくしながら、それをなさっていると思うんです。でも、ほとんど人はそのことをほんとうには理解しない。いや、理解できないんですよね。なにしろ、この三次元世界のなかに、ある意味、閉じ込められ、ピン留めどころか、釘付けされていますからね。いやあ、わたし、とんでもないこと口走ってますね。

鶴見 いえいえ、まさにそうなのだと思います。でも、わたしたちもみんな、肉体はたしかに三次元に釘付けされているのですが、意識は、そして魂は、本来は三次元に釘付けされていないと思います。

藤村 なるほど。「本来は」なんですね。でも、本来はそうだとしても、それこそ臨死体験のようなことでもないかぎり、ふつうの人には、意識を「別の時間」と接続させることはとても難しいし、万一そうなってしまっても、自分ではコントロールができなくなって精神がやられてしまうしうことになる。いや、わたしは精神医学の知見に通じているわけではないのですが、精神の病いというのも、ある意味では、「生きて流れて行く時間」が、ある出来事によって、そこだけピン留めされ、釘付けされ、流れなくなって残り続ける。つまり、精神のどこかが封印されているのと同じことかもしれませんね。そうなったら、本人だけではその封印を解除するのはきわめて難しい。そう考えると、あるときに龍的存在の時間が止ってしまって封印されるというのも、わかるような気がしてきます。

鶴見 そうですねえ、難しいお話しになってきて、わたしにはよくわからないのですが、でも思うのは、やはり人はただ生き物として生まれてくるだけではなくて、そのあとに言語（ことば）を通じて「私」というのを鞏固《きょうこ》につくっていきますよね。しかも長い時間をかけて。それを通じて自分をこの世界に「ピン留め」するような感じがします。それに比べれば、龍の時間というのは、そのような中心的な「私」というがなくて、その存在が自然として世界のなかで対流と放射を繰り返しているような、そんな感じで捉えています。

藤村 ありがとうございます。ちゃんと理解できているわけではないのですが、いまのお話しには、いままで一度も語られたことのない「龍の存在論」みたいなものがちらっと見えるような気がしますね。われわれはなにかを物体として認識し把握するように世界を見ているのだけど、龍をキャッチするには、その「対流」と「放射」を感覚しなければだめだ、みたいな感じがしてきました。

京都・伏見で龍に触れる

鶴見 そうなんです。そうすれば、誰でも龍の存在を感覚できますよ。そうそう、先日のことですが、龍に触れてもらうパフォーマンスをやりました。

藤村 龍に触れるんですか？

鶴見 はい。

藤村 誰が？

鶴見 わたしが行ったワークショップに参加した人たちですが、でもそのときたまたまそこを通りかかった外国人たちも触ってましたね。

藤村 はあ？

鶴見 昨年からなのですが、ある御縁がございまして、京都の伏見稲荷大社のなかのある社（眼力社）にみなさんと詣でるワークショップを行っているんです。その社は、奥のほうにありまして、水を豊かに含むほんとうに特別な場なんです。そこですと、とても龍を呼びやすいんですね、白龍ですが。社でお灯明をあげて、空に向かって呼ぶと、たいてい来てくれます。そして来てくれたら、みなさんに「ほら、ここに来ていますよ」と触ってもらうんです。十人以上の人たちが空に手を伸ばしていたり、空中のあちこちを撫ぜたりして「あ、ふわふわした柔らかい羽毛のようなものがある」などと大騒ぎなので、たまたま傍を通った三人の外国人観光客が「なんだ、なんだ」と飛び入り参加したんです。そしたら、かれらにもちゃんと感じられて「Unbelievable!」と叫んでました。

藤村 おもしろいですねえ……「日本の伏見で龍に触った！」、きっとその人たちには一生の思い出になりましたね。でも、こうなると、その人の信仰とか宗教とかには関係なく、ある意味では、誰でも龍というエネルギー体の存在を感じることができるということですね。

鶴見 はい。

藤村 ほんとうは、みなさん、いろいろなところで、そのように龍のエネルギーと出会って共鳴したり、共振したりしているのでしょうね。でも、それはやっぱりかすかに感じるものだから、明世さんのような人から「ほら、ここに来ているわよ」と言ってもらわないとはっきりわかりませんよね。

　で、いま、思ったのですが、でも明世さんにそう言われて空中に手をのばすときに、日本人ならやっぱりよく知っている東洋的な龍のイメージをもって触ろうとするだろうと思うのですが、外国人のイメージはちがっているかもしれませんよね。いわゆる西欧で言うドラゴンと龍とは同じなのかしら？　なにか違っているようにも感じるのですが、それについてはどうでしょう？

西のドラゴンの皇帝からのメッセージ（詩）

鶴見　やっぱり違いますね。かなり違うと思います。わたしが西のドラゴンにはじめて出会ったのは、『スピリチュアル・コード』でお話しした、スイスのシャフハウゼンでのエグゾルシズムのときだったんです。あのときは「ティラノサウルス」とか「恐竜」と申し上げましたが、ともかくこちらの体にかかる重力がすごかったです。二足直立タイプなのですが、圧倒的な存在感、爆発的なパワーを感じました。日本で会う龍の方は、大きさは人差し指大から、山を護る龍になれば100メートルくらいまで、長さもさまざまなのですが、たいていは細長い蛇体で美しい毛や羽毛を持ち、四肢は小さくて、翼がない場合が多いです。

藤村　同じ「りゅう」でも「龍」と「竜」、違いがあるわけですね。でも、西欧のキリスト教の伝統を受け継いでいる文化では、その「竜」というのは、多くの場合、悪しき存在として、たとえば天使ミカエルによって、あるいは聖人ゲオルギオスによって成敗されたみたいな伝説がたくさん残っているわけですが、明世さんは、『スピリチュアル・コード』のなかで、ご自分で独自のタロット、つまりTsurumiタロットをおつくりになった動機について「一神教の神によって悪魔とされた存在はほんとうに悪魔なのかしら」という疑問があったとおっしゃってましたが、あらためて、それについてはどうお考えなのかしら？　あるいは、そのシャフハウゼンでの宝石の体をしたドラゴンとの最初の出会い以降、西のドラゴンとの出会いがありましたでしょうか？

鶴見　そうですね、なかなか難しい問いで、どこまでどうお答えしたらいいか……一言で申し上げれば、シャフハウゼンのあとはヨーロッパとの接点はまったくなかったのですが、もう数年前になりますか、ヨーロッパの旅から帰国なさったあるクライアントさんを通じて、西のドラゴンたちとの縁ができたんです。「西」から呼ばれた、呼びつけられたという感じでしたが、呼びかけてきた相手が「西」の竜の王のような存在だったんです。

藤村　竜の王ですか？

鶴見　はい。いま、藤村さんがおっしゃったように、「西」のキリスト教文化圏では、天使や聖人がドラゴン退治をするという伝説がたくさんありますが、そのドラゴンも、実際、両目を斬られていて満身創痍、しかも地下水路に閉じ込められているというようなあり方でした。そのドラゴンはフランスのある地方都市の場所と深い関係のある存在で、クライアントさんが所用でその都市を訪れたことが切っ掛けになって、言わばその方のあとを追いかけるようにして、日本のわたしのところにまで辿ってきたんです。その方が帰国なさって1ヶ月くらい経ってましたね、お話ししていて、なにかの拍子で龍の話になったのですが、そうしたらその方の後ろに傷ついた大きなドラゴンのヴィジョンが突然、現れたのです。はじめはよくわからなかったのですが、それからそのドラゴンとの接続が起きるようになり、少しずつわかってきたのですが、やはりそのドラゴンは、昔、天使と対峙して、天使に斬りつけられたようでした。

藤村 そのドラゴンが明世さんに救いを求めてきたということかしら？

鶴見 はい、そうなのですが、それは、単なる封印解除というのとはちがって、もっとずっと大きな話になるのだと思います。つまり、なんと言っていいか、西欧文明というのは、一貫して自然を破壊して自分たちの都市を構築してきたわけですよね。その技術による自然征服とキリスト教による支配とが重なり合って進行してきた。「天使が竜を打倒する」というのは、そういうこととリンクしているのだと思いますが、それがいまの時代に大きく変わらなければならないようになってきたのではないか、と思うんですね。ある意味では、天使と竜が和解しなければならない、そうしないと地球というこのわれわれの共通の自然が維持できないところにまで来てしまっているように感じますので。

藤村 なるほど、やはり「天使とドラゴン」ですね。なにか、いまの時代、人類の歴史のなかで、封印されたり、打倒されたり、破壊された存在たちが反作用的に逆流してくる時のような感じもします。そこでなんらかの「和解」が必要になってくる。そういうことのためにに明世さんも呼びかけられている、と。

鶴見 わたしだけではなくて、藤村さんもそうでしょう？

藤村 はあ、そうなのかなあ、何をやったらいいのか、まだよくわかりませんが……それで明世さんは、その西のドラゴンの王とつながって、その存在を解き放ったのでしょうか？

鶴見 「解き放つ」というのとはちょっと違うのですが……「戻ってくる」というか、いずれにしても、これはとてつもなく大きなスケールの話になってしまって、とてもここで簡単に語れません。じつは、『スピリチュアル・コード』でちらっと触れて、みなさんがそれについてとても気にかけてくださっている「わたしの青龍はどうしたのか？」ということも、これに深くかかわっているんです。つまり、これは、「天使とドラゴンの和解」だけではなくて、「西のドラゴンと東の龍」との協調協働の案件でもあるんですね。ともかく、いまはまだ、とてもその全体を話すことはできません。ごめんなさい。

藤村 わかりました。それだけで別に一冊用意しなければいけないほど大きな話のようですね。いずれにしても、明世さんの存在が、ただ東の龍たちだけではなく、西のドラゴンたちとも深く連動するようになったことがわかったわけです。ありがとうございます。

でも、こういうお話しを聞くと、わたしは、最初に戻って、ほら、やっぱり明世さんは龍王女ではないですか、と言いたくなるかな。その西の竜王が、どのように西からこの極東にまでやって来たのかわかりませんが、なんだか「娘を訪ねて三千里」みたいなイメージが浮かびましたね。ファンタジックですが、そのファンタジーのなかに真実がありますね。

鶴見 そうですね。ストーリーというのは、ふつうは人間の時間の展開なのでしょうけれど、そこに「もう一つの時間」が絡んでくるとファンタジーになりますから。昔の神話のようにファンタジーを通じて真実が後世に伝えられるのだと思います。

藤村 西のドラゴンと東の龍、形も違うし、いろいろ違いもあるようですけれど、でも、どちらも地球というこの星と密接につながっている感じがしますけれど……なんだかそれに比べれば、人間のほうこそが、むしろ「地球の時間」みたいなものからいつも少しずれているようにも思うんですけどねえ。なにしろ、いまやロケット飛ばして、月や火星に行こうとするわけですから……人間のなかには地球脱出への意志が組み込まれているように思います。

それに対して、ドラゴンや龍というのは、人類登場以前から地球に住んでいる古い存在のような感じですけど、どうでしょうか？

鶴見 そうですね、西洋のドラゴンは深い叡智の扉をそれぞれが持っているように思います。また、多種多様なドラゴンがいますね。身体の大きさや体型的にもちがった種類があって、どこか血族的な要素が強くあるんですね。たとえば頭が一つの単頭種だけではなくて、二頭とか三頭とかの多頭種もいます。それらが種族ごとに王国的なものをつくっています。さらには皇帝的な存在もいますね。なので、ドラゴン社会は統治社会として構築されているように思います。かれらは言葉は発しませんが、メッセージは伝えてきます。そのメッセージは音が韻を踏むような、詩的な響きがあるんです。かれらの存在自体が詩的と申しますか。たとえば、先ほどお話しをしました「ドラゴンの王」、これは西洋における「西の皇帝」のような存在なのですが、それが、あるときわたしに伝えてきたメッセージがありましたが、それはまるで詩のようでした。

世界は一様ではなく
いくつもの層をなし
次元は複雑に絡み合い
出来事のほんとうの意味は
はるかに現実を超え出ている。
いや、むしろ
ほんとうの現実はあなたたちの想定する「意味」を
はるかに超え出ている、
と言うべきだろう。

いま、新しい時代がはじまる
新しいアダムとイブが生まれる
彼らに通じる言葉はなく
これまでの人間とは違う波動で動いていく
彼らは「教え」を必要とせず
彼らにはいかなる犠牲も力を持たず
「虚」を積み上げては崩壊させるだけ、
だが、あなたたちは、
「水」で「虚」を洗い、「火」で浄化して
かれらを本来の姿へと
かれらの暴れ狂う「不具」を慈愛で包み
行き先のわからない「本能」を智で導け！

それに比べますと、日本の龍は特定の場所との関係が深く、地域の守護的な役割が強いように思われます。たとえば富士山の龍とか、江ノ島の龍などのように。そうした地域性以外では、たとえば「水」、「火」、「風」、「土」といった属性で種類が分けられるように思います。そして、この属性に沿って、他のスピリットとの親和性も生じているんです。たとえば、海龍は亀のスピリットと親和性があったりしますし、さらには麒麟や、鳳凰など龍から派生したと思われるスピリットもいます。でも、西洋のドラゴンたちとは違って、皇帝のような存在はいないようです。だから龍の社会は共和制という感じでしょうかね。

かつて青龍はよくわたしに「龍とは韻を踏む存在なんだ」と言っていました。「他のスピリットと何が違うかと言ったら、そこなんだよ、韻というパワーがわたしたちの根源なんだ」と。西洋のドラゴンも韻を踏みますが、ドラゴンは韻をパワーとして活用し、日本の龍は韻のパワーが存在に直結しているような感じがします。

藤村 いやあ、これはすごい。いままで誰も語ったことのない「ドラゴン・龍の秘密」が明かされたわけです。しかも、その「秘密」の一つが韻である、と。なんだか、日本の神社での祝詞とか、西洋の教会でのグレゴリオ聖歌とか、リズムと響きのなかに聖なるものの秘密があるという示唆でもありますね。しかも、しかもドラゴンの皇帝から人類への呼びかけの詩までもが示された。深いメッセージですね。その詩は、まさに、いま、人類史の大転換期だということをはっきりと言っている。新しい「アダムとイブ」が生まれようとしている。この新人類には、これまでの「教え」は通用しないぞ。だが、それでも、かれらを慈愛で包み、智で導け！という……すごい呼びかけですね。

世界は多層的で、複雑に次元が絡み合う、「現実」を超えたものなんだ！――この「教え」こそ、われわれの誰もが心に受けとめなければならない世界の「真理」ですよね。

こんなところに来るとは思ってもいなかったのですが、いや、感動しました。

それに加えて、今回は、なんと言ってもあの龍の写真、そして黒い魔物の写真が衝撃的でしたね……。

蔵王・三本木沼にかかるオーブ

鶴見 あ、それで言えば、もう1枚不思議な写真がありますよ。それもドラゴン関係ですが……。

藤村 えっ、見たいですね。

鶴見 これです〔と、もう1枚写真を見せる〕。これは、わりと最近のものなのですが、山形県の蔵王山麓にある三本木沼というところです。わたしが写っていますが、池の水面を見ると円形のきれいな光の輪、いわゆる「オーブ」が見えますでしょう？

藤村 はい、不思議ですね。これは何なのかしら？

鶴見 これもドラゴン解放の所作だったんです。この地方でペンションを経営なさっている方からぺ

蔵王・三本木沼に立つオーブ

ンションの土地の浄化を依頼されて現地に行ったのですが、そのとき、このあたりの川にやはり身体をばらばらにされて封印されているドラゴン――そう、日本的な龍というよりはドラゴンなのですが――がいて、それを解放するミッションが降ってきたんですね。

あらためて出直して所作しました。じつは、このドラゴンは、人間的に言えば、かなり位が高い高貴な存在で、その家臣とも言うべきドラゴンが、近くの別の沼にずっと待機していたんです。でも、その護りのドラゴンだけでは、この封印を解くことができなくて、やはり人間の力が必要になる。しかも、この場合は、西欧的な力がどうしても必要なので、西欧的な「天使」と存在が通じる人に同行してもらって行ったのですが、所作が終わって、シャンパーニュ色の美しい雌のドラゴンが復活したら、そのドラゴンは護りのドラゴンとともに三本木沼に降り立ったんです。故郷のヨーロッパに戻る前に、とりあえずここでしばらく休むという感じでしたね。なにしろ、そのドラゴンにはたぶん千年単位の時間が止まっていたようでしたから。それでわれわれも急いで山を下りて三本木沼に駆けつけたんです。帰る前のご挨拶というわけでしたが、そうしたら、後で気が付いたのですが、岸で撮った写真にきれいなオーブが写りこんでいたんです。そのドラゴンたちからの感謝の印だったと思っています。とてもきれいな静かな沼でした。

藤村　いやあ、美しいエンド・マークですね。すばらしい。

今回は、明世さんとドラゴン・龍との不思議なかかわりの、もちろん、ほんのわずかな部分だけを語っていただいたわけで、背後に、それこそ「ファンタジック」という言葉でも覆いつくせないような深さが広がっていることを感じてはいますが、今回はここまでですね。

きっとこのオーブも、前回のあの「虹の橋」とけっして無関係ではないように思います。弧を描く光の帯……それが「もう一つの時間」の痕跡なのかもしれませんね。

第5部　「わたしはそこにおわす神仏を
そのまま愛したいのだと思います」

「信」の普遍的地平をひらく

藤村　前回の対話の最後、思いがけず、美しい「オーブ」のエンド・マークが出たので、それで本書を終わってもよかったのですが、なぜかどうしても、最後にもう少しだけ対話を続けなければならないと思ったんです。

というのは、これまで第1部のタロット・リーディングからはじまって、第2部のヴィジョン・リーディングを通して「前世」、第3部で「死」をめぐるいくつかのケース、第4部で「西のドラゴン／東の龍」と、いわゆる異次元の世界の諸相を見てきた展開になりましたので、こうなっては、最後にある種まとめとして、いわゆる「神」と呼ばれているような存在一般について明世さんがどのように認識・感覚しているかをうかがっておきたいと思います。

もちろん、わたしとしては、この問題を正面から取り扱うのはとても難しいということもわかっている。難しいというだけではなく、危険でもある。なにしろそれぞれの人の信仰にダイレクトにかかわってきますから。信仰というのは、昨今の事例でも明らかなように、ある意味では、人を完全に支配してしまいます。そして、絶対的な拠り所としているみずからの「神」が貶められたりすると、人はその相手を抹殺しようとさえしますね。そんなことをする生物ほかにはいません。
まあ、はっきり言ってしまえば、人間とは「信じる動物」ですね。もちろん、「信じる」先はかならずしも「神」ではなくてもいい。現代では、むしろ「神がいないこと（無神論）」を「信じる」ということもある。つまり物質を「信じる」。国家を「信じる」。技術革新して「よりよい未来が来る」ことを「信じる」……資本主義信仰ですね。いまはみんなこれですけど……。

ともかく、人間は、言語によってみずからをつくっていくわけで、そうなると、良くも悪くも、いまある「わたしに見える現実」を超えた世界を想定して生きているわけで、その世界の奥に「神的な存在」を措定するのもまた必然です。ただ、わたしの考えでは、ふつうの人は「神的な存在」は見えないし、認識できないので、それがどういう存在なのかは考えない。いや、むしろ考えないために、つまり「これから先のことは考えません」という限界線を置くために「神」のような「絶対」をセットするわけです。強力ですね、「絶対」ですから。つまり、これについては「考えるな！」です。「ただ信ぜよ」。そうすれば「すくわれる」と。なぜなら「これが世界の〈絶対〉だから」と。極端に言えば、そういう「考えられないもの」を中心に置くことで、人間はそれぞれの「文化」をつくりあげてきたんだと思います。なにしろ、われわれは、「未来」を考えないわけにはいかないわけですから、過去を引き受けて未来をつくっていく。そのためには「信」が必要だというわけです。だから、大宗教はかならず「終末」であれ、「天国」であれ、「パラダイス」、いや、いっそ根源的「無」であれ、人間にとって流れて行く時間の「最終地点」を指定しますよね。「われを信じて最終地点へと行きたまえ！」となるわけです。

誤解がないように言っておきますが、だからこそ、わたしは信仰あるいは宗教は、とても大事な人間の本質の現れだと思っているんです。そこから「善」も「悪」もはじまりますが、しかしそれ自体は、「善悪の彼岸」です。そして、それだからこそ、いまこそ、われわれのこの本質そのものと向かい合わなければならない、それがわたしの思いです。

実際、いまの、——まさに前回、ご紹介くださった西のドラゴンの皇帝からの詩的メッセージにあったように——「新しいアダムとイブが生まれる」ときに、つまりまったく新しい時代がはじまるときに、これまでのように、ただ自分の信仰を護るというだけではやっていけなくなっていると感じています。それぞれの信仰を、もっと広い普遍性の地平であらたに考え直さなければいけないのではないか、そう思うんです。

でも、簡単には行きませんよね。なにしろ自然科学の場合とは違って、その対象は、誰の前にもいつも同じようにある、というわけではないんですから。それが「ある」のか「ない」のかも人によって違うかもしれないし、同じ「ある」でもまたその現れ方は人によって異なるかもしれない……つまり、この見えない次元というのは、それが「誰にとってか」によって決定的に違ってくるのだと思います。

そうだからこそ、わたしには、明世さんが教えてくださることがとても貴重なんですね。宗教／信仰というような既成の「信」の文化にとらわれることなく、異次元の存在を認識できる。そうすると、『スピリチュアル・コード』で語ってくださったように、キリスト教の文化圏の人々にはっきりと「大天使」と認識された存在が、明世さんには、「宝石のように輝く恐竜的なドラゴン」として認識されるという驚くべき事態が示されたりもするわけです。つまり、途方もなく強力な聖なる神的存在、超存在であるわけですが、そのエネルギー体がどのように認識されるかは、それぞれの文化によって、人によって異なってくるという実例だったわけですね。つまり、キリスト教圏では「大天使」である存在を、明世さんの視界では「輝くドラゴン」として翻訳したと言ってもいいかもしれません。もちろん翻訳は両方向です。ドラゴン的エネルギー体であるものを、キリスト教は伝統に従って「大天使」と翻訳しているとも言えるかと思います。

わたしとしては、そのように考えることを通じて、それぞれの文化が大事に護ってきた「信」をリスペクトしながら、しかしそこに自閉するのではない、もっと広いスピリチュアリティの地平が開かれることを夢みているわけです。そして、そのためには、明世さんに、そういう方向での体験や実例をもう少し聞かせてもらえないだろうか、と思うんですけど……どうでしょうか。

江ノ島・三女神のヴィジョン

鶴見 そうですねえ、わたしは藤村さんのように論理的に考えているわけではないのですが、おっしゃりたいことには共感できます。とても重要なポイントを指摘なさったと思います。実際、スピリチュアルなエネルギー体の現れ方というのは、人によって違うんですね。しかも、同じ人でも、時と場合によって違ってきたりします。

そうそう、これはつい最近のことなのですが、ちょっとびっくりしたことがありましたのでお話ししようかしら。自宅から遠くないこともあって、わたしはよく江の島の弁財天さまに詣でるんです。江ノ島は亀の形をした小さな山になった島で、下から順番に辺津宮《へつみや》、中津宮《なかつみや》、奥津宮《おくつみや》とあって宗像三女神と言われる三体の姫神さまが祀られています。そこに、先日、必要がありまして、ある方がいらっしゃるのに同行しました。一番下から上がっていくわけですが、最初が、辺津宮。一番末の姫神さまのところですが、お詣りしますと時折、ヴィジョンが来ます。たいていは白蛇のヴィジョンですね。もしくは奉安殿に祀られている裸弁財天のような姿のヴィジョン。じつは、その二週間前にも家族の一人と弁財天に詣でていたのですが、そのときは白蛇のヴィジョンで通常どおりという感じでした。

ところが、いっしょに行った方が神前で般若心経を読誦なさったのですが、そうしたらそれまでとはまったく違ったヴィジョンが降りてきたんです。ところどころがプラチナ色に輝く白い炎のような存在でした。大きさは、バスケットボールくらいだったと思います。ゆらゆらと白く立ち上がるその炎は、まるで小さな「白虎」と同じでした。『スピリチュアル・コード』にそのスケッチを載せていますが、あの四神の一つの「白虎」です。眼も二つ視えました。セルリアンブルーの美しい眼でした。「ああ、これが末姫神さまの本当のお姿なのだ」と驚き、感動しました。ご一緒したこの方に本来のお姿をお見せするご意思で動かれたのだと思いました。その碧眼の白い炎は2分くらいで消えていきました。

それから次に中津宮へと上がりました。こちらは恋愛成就の神様として若い人たちの人気を集めている宮なのですが、わたしはこちらではこれまでヴィジョンを得たことはなかったのです。なので、とても密やかな慎ましい姫神さまと思っていたのですが、そこでも同行者がやはり般若心経を読まれたのですが、そうしたら、はじめてのことですが、ヴィジョンが降りてきました。辺津宮の姫神さまと同じように、白い炎の姿で眼は金色でした。ゆらり、と現れてやはり1分くらいは視えていたでしょうか、すっと消えていかれました。

さあ、それでは奥津宮はどうなるかしら、と思いながら登っていったのです。奥津宮の姫神さまは三姉妹の一番上の女神さまで、江ノ島の頂点に位置する宮です。気難しく怖い女神さまとして有名です。そこでは、それまでにわたしが得ていたヴィジョンは、とても厳しい一つの目と黒い霧のような存在だけでしたので、わたしは秘かに「暗闇さま」と呼んでいたんです。ところが、このときは、やはり同行の方が、ここが頂点と般若心経を三巻読誦なさったのですが、そうしたら、激しく青黒く渦巻く霧がさっと降りてきたんです。そして、激しい暗い青の対流の中に、厳しく光る金の眼と銀の眼が視えました。両方の眼の色が違うんです。それから「暗闇さま」は大きく立ち昇って、わたしたちを誘うように海の方へ向かっていきます。「海で待ってるわよ」みたいな感じでした。こちらもそれではと、裏道を通って海岸まで降りていきました。導かれるままに岩屋裏手まで行きましたら、遠い海上に巨大な「暗闇さま」の霧のような姿、そしてその左右に辺津宮、中津宮の女神の白い炎が並び立っていました。三体の女神の一緒にいるヴィジョンを、わたしははじめて見ました。そして、最後は、女神たちは空中に開いた次元の狭間に消えていったんです。

藤村　『スピリチュアル・コード』では、白虎について、とても巨大であり、かつとても古い太古からの存在と言ってらっしゃいましたよね。江の島の弁財天さまたちは、そういう白虎につながっていくようなとても古い存在かもしれないということになりますね。しかし、それにしても、その同行者の方というのは、お坊さんなのですか？

鶴見 いえ、そうじゃないのですが、ある地方のあるお宮に関係する所作をその方といっしょにやらなくてはいけなくなって、しかもそのために、どうしても弁財天さまのお力が必要となったので、その方といっしょにご助力をお願いをするために江の島に詣でたんです。ですから、三女神さまがお姿を示されたのは、こちらの願いをきいてあげましょうというサインだったと思います。

藤村 恋愛成就を願ってお参りする人たちには、別に本来の姿を見せる必要はないけれど、自分の欲からではなくて、なにか時空にかかわる、存在にかかわる所作ミッションを行おうとする人たちには、本来の存在をもって応えてあげるみたいな感じですかね……ありがたいことでしたね。その所作は、現時点ではまだなさっていないんですよね？

鶴見 はい。まだですね、近く決行することになると思っていますが……。

藤村 そのお話しもいつか聞かせていただければ、ありがたいです。

で、江の島が出てきたのにはちょっと驚きましたが、明世さんはそのようによく日本の神社とかお寺などに行かれるんですか？　前回も伏見稲荷に行ったときの話をされてましたが、差し支えなければ、そのように、「縁」を感じてらっしゃる、つながっている神社などがあれば、教えてくれませんか？

赤坂・豊川稲荷／上野・不忍弁財天／京都・松尾大社／京都・貴船神社

鶴見 そうですね……いろいろあるのですが、一つ二つに絞るとすれば、東では、赤坂の豊川稲荷とか、上野不忍の弁財天とか、にも行くことが多いです。赤坂の豊川稲荷は、名古屋の豊川稲荷の東京別院となりますが、こちらは荼枳尼天《だきにてん》を祀っています。インド由来のちょっと怖いダーキニーではなく、白狐に乗り稲穂を持った美しい天女の姿とされています。わたしの個人的な経験を申し上げれば、本堂におわす存在は、その「視え方」がときに代わるようです。僧侶たちの独特な読経に合わせて、なにか煌めく存在が軽やかに踊るときもあれば、空中から吹き出す褐色の霧の中から二つの眼がじっと覗いてくるときもあり、それから視え方のパターンが異なります。この本堂の「褐色の存在」は、縁切り稲荷で有名な隣接する叶稲荷に直接に通じているように思います。境内にはほかにさまざまな神仏が祀られていて、それでいて気の乱れが無い、非常に珍しい場と思います。

上野の不忍池の弁天堂は宇賀神を頭に乗せた宇賀弁財天が祀られています。こちらの弁財天には、いつも強さ、存在の質量の大きさを感じます。エネルギー・チャージの場というイメージです。特に、精神的に弱っているときに優しい喝とともにフル・チャージしていただける感覚です。周囲に拡がる不忍池の蓮も圧巻ですね。

西の方では、京都の松尾大社でしょうか。お酒の神様ですが、非常に清らかな水に恵まれています。その裏山に磐座《いわくら》があるそうですが、山全体が巨大な地龍のように思えます。とても強いエネルギーで自分が浄化されていくように感じます。それと、やはり京都の貴船神社。こちらは水の神ですが西の龍穴かと思っています。自分の中の水が入れ替わるような気持ちになります。

藤村 西の京都の方は、どちらもやはり龍と関係の深い神社という感じがしますけど……。

鶴見 そうですね、京都はもともと自然地形を生かして四神に護られるように造成された、世界でも珍しい人工スピリチュアル・シティです。そのためでしょうか、京都ではさまざまなスピリット、なかでも龍は存在を維持しやすいように思います。

藤村 なるほど。京都という場所そのものが、風水的にと言うべきか、スピリチュアリティの拠点としてつくられているということですね。

では、仏教関係の寺院ということだと、どうなりましょうか？

長野・善光寺「阿弥陀如来」

藤村　すでに『スピリチュアル・コード』では、地球を子宮に抱き抱えている観音という驚くべきイメージも描いていただいていますし、今回の最初の対談では、リーディングのときに、弥勒菩薩との接続という驚くべきことが起って、それとともに「たくさんの銀河系が見える宇宙空間」ともおっしゃってました。なんとなくですが、仏教的な存在は、明世さんの視界においては、宇宙的な次元と深く関連しているように思うのですが……。

鶴見　はい、たしかに、仏教における如来や菩薩と呼ばれる存在は、宇宙的なヴィジョンにつながるケースが多いように思いますね。子宮のところに地球を抱えている観世音菩薩というヴィジョンは、わたしにとっては昔からとてもなつかしいものなのです。しかも、それはただ視覚的というだけではなくて、この「カンゼオンボサツ」という音にとても安堵感を感じますね。この言葉を発する、もしくは想うだけで、なんだか優しい仏の両手がこちらに差し伸べられるような、そしてこちらの心から海が生じて拡がっていくようなイメージに包まれます。

おっしゃるように、あのリーディングのときは、弥勒菩薩のヴィジョンが見えたのですが、そのときは、どうしてかわかりませんが、世界の果てというものがどうあるのか、という秘密を保持しているのがこの仏なんだ、と思いました。どうぞそれを教えてくださいとお願いしたいような気持ちになりますね。

それから、これは比較的最近のことですが、「阿弥陀如来」の存在を意識するようになった出来事があります。所用がありまして、長野に行ったのですが、駅を降りた途端にびっくりしたのです。空気が違う。街になにか非常に尊い気が満ちている。そうですね、空気そのものがシャンパンゴールドに淡く光っている感覚。このように広い空間すべてをまんべんなく満たす、その柔らかな、ありがたい……そうそう、素直に「ありがたい」と頭が下がるような気持ちになる存在が、ここにはおいでになるのかしら?と思ったのです。駅周辺で所用を済ませ、ふと、せっかく長野まで来たのだから善光寺に立ち寄ってみようかしら、と思って向かいました。そして、善光寺の境内に入った途端に、ここだ！　あの柔らかなシャンパンゴールドの光は、ここから流れ、街中に溢れている！と思いました。暗い堂内に入り、数々の仏像や美しい伽藍をみて、古刹はやはり、素晴らしいなあと思ったときに突然、「阿弥陀、阿弥陀、阿弥陀、阿弥陀……」と詠唱が響いてきました。僧侶の読経ではなくて、胸骨に直接、共鳴が起きているような響き。それから、柔らかなたくさんの手に包まれているような感覚があり、阿弥陀はこのように、浄土へと優しく導いていくのかしらと思いました。大変感動的な体験でありましたし、浄土ってほんとうに遠い、それこそ宇宙の彼方にあるのかしら、という感覚になりました。

藤村　でも、その宇宙の彼方の「浄土」に導いてくださる存在もまたあるのだ、ということですね。いいですね。「南無阿弥陀仏」と唱える人はたくさんいるけれど、ほんとうにそれがただの言葉だけの「名号《みょうごう》」だけになってしまっていることも多いようにわたしには思われることがあって、阿弥陀さまの存在そのものを感じることがふつうの人には難しいなあ、と日頃感じているので、なにかすくわれた気持ちがいたします。

こうして、明世さんの話を聞いていると、いや、阿弥陀仏も弥勒菩薩も、そればかりか荼枳《だき》尼天《にてん》も弁財天も松尾大社や貴船神社のご神体もそれぞれ異なった独自の存在としていらっしゃるということが見えてきますよね。わたしとしては、ここでは、そういうことを確認したいのが、一番大きな思いです。つまり、それぞれの人がいろいろな信仰をおもちです。でも、自分が信じている存在がどのような存在か、ということは、実際には、多くの人にはわからない。わたしはよく外国から来た友人などに言うのですが、日本人は、神社の前で柏手を打って拝したりするけど、そのときでも、そこに祀られているのがどんな神様なのか、まったく知らなかったりするんだ、と。外国人はびっくりします。でも、そうですよね？　それが日本の神道のある意味では、土地に密着していてかえって開かれているという不思議なあり方でもあると思いますけれど。

いずれにしても、明世さんのような開かれたシャーマンの方は、神的な存在の存在が感覚できるわけです。信仰とか宗教という枠にとらわれることなく、スピリチュアルな存在を感覚できる。それが重要だと思います。

つまり、「わたしの信仰だけが尊い」というような独善的なドグマ的な信仰ではなく、異なった多くのスピリチュアリティを認めることができる、ほんとうの意味での普遍的な地平を見出すことが、いま、この時代の大転換期にあたって喫緊の課題だと思うんですね。だからこそ、明世さんが感覚・認識なさっている世界の一部でも、みなさんに伝えておきたいと願っているんです。だって、明世さんが、弁財天にしても阿弥陀如来にしても龍神にしても、その存在を感覚するのは、信仰からではないですものね。そこにその存在があることを感じられる、それと接続するからですものね。

鶴見 はい、信仰とは異なるように思います。わたしには、神仏にお願いをするという意識があまりないかもしれません。「神様仏様、わたしのためにこうしてください、あれをください、困っているわたしを助けてください」などとはあまり思わないですね。おごっているような言い方に受け取られるかもしれませんが、わたしは、そこにおわす神仏をそのまま愛したいのだと思います。いや、「愛」という言葉が適切かどうかはわかりませんけど……。でも、わたしは神仏を前にして、その存在の美しさ、厳しさ、恐ろしさ、深い想いを自分の細胞のすべてで受信したい、そんな気持ちになるのです。

藤村　それはすごい。「神仏」を愛するですか！　でも、それが可能なのは、明世さんにはそうしたスピリチュアルな存在が存在として感覚できるからなのだと思います（だって、「愛」とはなによりもその存在に向けられているわけですからね）。その感覚がないと、やはり「あるかないかわからない」ものを「あるもの」として信じるということになって、とても主観的なものになるわけですね。結局、「わたしが信じているんだから、これだけが絶対なのだ」みたいな論理の転倒が起きる。そして、そこからそれ以外の他者の「信」を認めない排他的な態度が出てくる。さらには、――現代でもより過激に現れてきているわけですが――それが人類のあいだに対立を生み、ついには他者の排除・抹殺の動きまでも起ってくるわけです。とても怖いことになる。

でも、こうなると、人類の歴史そして文化のもっとも深いところに届くような話になってしまって、とてもわれわれのこの対話で扱える範囲を超えてしまいます。だから、ここではあくまでも、明世さんを通して、そういう神的次元、スピリチュアルな次元の本質的な多様性のようなことを、ちらっとでも、見極めておきたいということだったんです。一つの信仰に捕われた排他的スピリチュアルではなく、多様性を認めるスピリチュアル、それこそが決定的に大事なんだとわたしは言いたいわけです。

高野山に大天使ミカエルがやって来る

藤村　でも、こうなったら、すでに以前に、スイスのシャフハウゼンでの大天使出現のお話もうかがっていることですので、それ以外にキリスト教文化ということで、なにか話していただける事例がありませんでしょうか？

鶴見　うーん。難しい問いですね、これは。というのも、シャフハウゼンの一件はありましたが、わたしはつい最近まで、基本的には、あまりキリスト教文化との接点はなしで来ていたんです。それが変わったのには、藤村さん、あなたとの出会いがあったと思います。

藤村　はあ？　わたしですか？

鶴見　はい。最初にリーディングにお見えになったときではなく、それから1年くらい経った二回目のときだったと思いますが、リーディングの終りに、藤村さんが「この夏に高野山に行くんだ」とおっしゃったら、そこに大天使ミカエルがやって来るヴィジョンが来ましたね。

藤村　はい。わたし、うかがって、びっくり仰天、「えーっ？　それなに？」みたいな感じでしたが、実際、行ってみてのことですが、たくさんあるお寺の一つで学術的な会がありまして、昼間ですが、小さな発表をして疲れて部屋で横になっていたら、夢現のなかで、鮮やかに美しい翼が高い天を横切って行くのが視えました。「これか！」と納得しました。わたしは、若いときから経を読んだりもしているので多少は仏教的な基盤はありましたが、キリスト教とはほとんど縁がなかったので驚きました。しかし、――人生ではじめてだったのですが――ノン・リアルなヴィジョンのようなものを自分で経験してみると、疑いもなく、高い天をなにかが横切っていったのでした。無数の光の玉が集まった羽のようなヴィジョンでした。でも、おかしいですよね？　なんで高野山で、なの？　空海さんがお出ましならまだわかるけど……と。実際、そのとき空海さんのお廟にもちゃんと詣でているのですが……。

鶴見　そうなんです。わたしの経験からしても、非常に高位の神的存在は、そう簡単に、世俗の下界には降りて来られないというか、やはり霊的に特別な場所、霊気の高い、きれいな場所でないとほんとうの接続は難しいのだと思います。いや、藤村さんが経験なさった強い意味の「接続」ということでは、ということですが。

藤村　そうですよね。先ほどの長野・善光寺のお話しもそうでしたが、やはり正統的な神仏がただしく祀られ、日々、きちんと儀式が行われているところは特別な場所、霊的にきれいな、清められた場所ですよね。でも、それが、なにかの拍子に変わってしまうと、悪霊なり邪気なりに取り憑かれて、かえって危ない、汚れた場所になってしまったりするので、スピリチュアルというのは怖いですね。一言で言ってしまえば、欲と結びついた瞬間に、スピリチュアルは汚れた、危険なものになる……そう思ったりしますが、元の文脈に戻るとすると、結局、そのことがきっかけで、明世さんに変化が起ったということですか？　不肖わたし藤村が、明世さんの「天使の扉」をあけたみたいな？　もしそうなら光栄なことですが……。

鶴見　はい。やはりそのときから、少しずつですが、わたしと西欧世界との関係が深まっていくというか、自分自身のなかにそちらにつながる要素がもともとあったんだという感覚が目覚めてきました。それまで封印されていた次元の扉が少しずつ開いていくような感じですね。でも、それがいったいどういうことにつながっていくのか、はっきりわかるわけではなくて、まだ途上ですので、今回はあまりお話しできませんが、みなさんがとても気にしてくださっているあの「わたしの青龍」が消えた経緯というのも、そのことと関係があります。なにか、わたし自身が、あの強いキリスト教の支配下にある「西」から「東」に逃れてきた存在であるような気もしてきて、そこに、わたし自身のほんとうのミッションみたいなものがあるようにすら感じはじめているんです。

藤村　いやあ……なんというか、ようやく長い「序曲」が終わって、いよいよ次は明世さんの劇《ドラマ》の本番がはじまるのでしょうかね？

鶴見　でも、それには藤村さん自身も無関係ではないですよ。藤村さんの存在は天使的なものと深くかかわっています。そうじゃなければ、大天使ミカエルが呼びかけに来たりしませんよ。

知り合いのフランス人の男性の方が、昨年、新型コロナにかかって命が危なくなったときに、日本で彼のために祈っていたら、どっしりと厚みのある大きな真っ白な翼をつけた金髪のがっしりした体の天使が視えたことがありました。そういうことはあまりないので、日本人では天使のヴィジョンが出たことはほとんどありませんね……いや、そう言いながら、いま思い出したのですが、一度だけ、日本人の女性の方のリーディングのときに、翼だけですが視えたことがありましたね。重力もかかってきていたのですが、パリのサン・シュルピス教会とかかわる天使でしたね。でも、それだけですね。ほかにはそういう事例はなかったです。だから、藤村さんはやはり特別な人なんですよ。

藤村　その高野山の大天使ミカエル出現以降、ごくたまにですが、眼を瞑っているのに、視界の裏に、羽のような、赤、青、黄色と鮮やかに明滅する光の模様が降りてきて広がるときがあるのですが、それ以外は特にヴィジョンが視えるわけでもなく、霊感があるわけでもなく、特別なところはないと思いますけどね。

鶴見　光の羽が広がるのは、藤村さんの額の奥にある受信装置が異次元からのメッセージなりプログラムなりを受信しているのだと思いますけど……。

藤村　そうなのかしら？　でも、そういうことがあっても、なにも変わらないですよ。特になにか見えないものが視えるようになったわけでもないし。

鶴見　それは、藤村さんが、――ご自分からか、そうでないか、はわかりませんが――ガードされているからでしょうね。危ないことでもあるので、踏み出さないでとどまっていらっしゃる。でも、どこか存在としては、仏教的な存在につながるところと、天使的な存在につながるところの両方をもっていらっしゃる、その点、とても不思議な人だと思いますね。

藤村　いやいや、とんでもない。わたしは記録係なので、この対話の主題はあくまでもAkiyo-Worldですから……そのWorldが多様なスピリチュアルな存在を、等しく受け入れ、認め、そしてそれらを「愛する」ようになさっている、そこに、わたしは、人類にとっての普遍的なスピリチュアリティの地平を見たいんですね。そう、ですから、――明世さんの言葉にのって言うなら――天使も菩薩も平等に「存在」する、そういう地平ですね。そのことを認識することが、いま、とても重要だと思っているんです。

そして、まさに人類のどんな部族の文化においてもその基盤となっていた広い意味でのシャーマニズムこそが、その地平を形づくっていると考えているんです。さまざまな教義によって体系化され、支配的になった「宗教」ではなくて、宗教以前の原初的な、ひょっとすると人間誕生以前にも遡ることができるようなスピリチュアルな地平です。その原初的な地平が、じつは、本来的には宇宙的な地平でもあることがいまようやくわかりはじめているのではないか、と思います。だからこそ、宇宙の彼方の「彼岸」へとわれわれをつないでくださる阿弥陀如来から富士山や蔵王の山裾の水にかかわる龍たちに至るまで、分け隔てなくアクセスができる明世さんの Akiyo-World の一端でもみなさんに伝えたいと思っているわけなのですね。

となると、最後になりますが、今回触れなかった神的存在で、明世さんとしてここで語っておきたい、語ってもいいという存在がありましたら……いかがでしょうか？

チェロキー族を守護する白狼

鶴見 そうですね、その根源的なスピリチュアルの地平を「シャーマニズム」と言ってくださったせいか、急に思い出したことがあります。

数年前にお会いしたアメリカ人の男性クライアントさんなのですが、リーディングにいらしたときに、その方に白いオオカミが寄り添っていたんです。そのことをお伝えすると、かれはびっくりなさって、「じつはわたしは、チェロキー族のシャーマンの末裔なんです。わたしの母も祖母も、それぞれ唯一無二のシャーマンと呼ばれた存在だったんです。しかし、わたしは幼い時からとても荒々しい性格でしたので、心配した祖母がわたしの能力を閉じてしまったんですね。あとになって、母親は『祖母のほうがシャーマンとしての力はずっと強いから、祖母が閉じた能力は、わたしには再び開けることはできないの』と言っていました。白いオオカミはチェロキー族の守護スピリットなんです。それがずっとわたしについていてくれたとは！……わたしにはそれを感じることができないのに」とおっしゃって、深く感動なさっていました。白いオオカミはオス・メスの対だったのですが、オスはかなり古いスピリットで、やはり力あるシャーマンがいなくなったせいか朽ち果てそうになっていました。でもメスはまだ若くて、そのオスを支えていましたね。

藤村 そうなんですね、古い、太古からのシャーマニズムがどんどん衰退している、でもチェロキー族のトーテムの白狼は一族の末裔の彼を護ってくれている、みずからは朽ち果てそうになりながら……そういうのが真のスピリチュアリティなんですよね。

そして、いかなる偏見もなく、そういう存在を透視できる、それが明世さんのパワーですね。その方、よかったですね、明世さんに会えて。そのことがわかって……だって、ふつう、本人なのにそのことはわからないわけですから……なんだか涙が出てきますね。

でも、それは双方向かもしれませんね。そのオオカミのスピリットたちにとっても、自分たちがその人のそばにずっとついているんだよ、ということが伝わってよかったのではないかしら？

鶴見 そうなんです。そのチェロキー族の方が、オオカミたちの存在を理解し、喜んだその瞬間に、崩れかけていたオスのほうも含めて、かれらスピリットのまわりに淡い光がめぐるように走って、かれらの「存在の輪郭」がはっきりとしたのです。人間とスピリットがおたがいに共鳴する、エネルギーが反響し合う、それによってスピリットにも変化が生じましたね。

藤村 やっぱり双方向的なんですね。ほんとうに泣けてきます……それはとても、とても重要なことだと思います。ありがとうございました。

もちろんAkiyo-Worldは尽きることがないので、まだまだたくさんうかがいたいこともあるのですが、今回はここまでかなあ、と思います。

スピリチュアリティは「命の宿」

藤村 前回の『スピリチュアル・コード』の最後に、わたしは「誰もが、それぞれちがった仕方でスピリチュアルである」という「まとめ」をしました。今回、その「ちがった仕方」というところをもう少し具体的に、いろいろなケースに即して提示できたかなあ、と思っています。つまり、われわれはそれぞれ「死」を超えて存在し続けている。とすれば、それぞれの存在は、それぞれ異なった、長い長い道筋を経てきているわけです。最後の事例のチェロキー族の方のように白狼の守護神に護られている人もいる。あるいは、その前のフランス人の男性のように、なんらかの仕方で天使との接続が感じられる人もいる。たとえば、わたしにしたところで、――いかなる宗派にも属してはいませんが――単独で、これまでずっと――法華経とかですが――経などを読み、山のなかの小さなお堂にお参りしたりはしてきてるのですが、キリスト教の教会には行ったことがない。それでも、自分も知らない自分の存在の奥に、たとえば西欧的な天使的存在との接続回路が隠されているのかもしれない。そんなことを思いますね。夢みたいですけれど。つまり、それぞれの人が他の人とはちがったその人なりのスピリチュアルな存在の仕方をしているということかなあ……でも、誰も自分のスピリチュアルな存在がどういうものかはわからない……わたしは、それこそが、仏教で言う「無明」ということだと思うのですね。自分ではわからない。でも、この世で誰かと出会うことで、そういう隠れた次元が見えてくる。そう、まさになにか封印されていた扉があくみたいなことがあるように思いますね。朝霧高原の龍だけじゃないんです。誰もみんな、みずからの、自分だけの、独自なスピリチュアリティのどこかに封印のピンが刺さっているのかもしれませんよね。そういうピンが一つでも抜けたら、苦しい思いをしながらでも、この世に生きているかいがあると思います。

鶴見　はい。そのとおりだと思います。自分に刺さっているピンは自分では抜くことができません。ほかの誰か、ほかのなにか、とのかかわりによって刺さっているものですから。

スピリチュアリティというと、みなさん、すぐチャネリングだとか、なにか自分とは違うすごい存在とつながってるぞ、みたいなことを言いたがる人が多いように思いますけれど、みんな誰もが長い輪廻転生の時間を背後に背負って、その流れと、この現実の世界の家族とか社会とかの現実の流れとがからみあった仕方で御自分を形成なさっているわけですよね。だから、スピリチュアリティとは、この世におけるその人の使命であったり、また場合によっては、それで、「宿命」と呼ばれるような、大きな挫折やアクシデントにも見舞われることになったりもするわけです。まったく覚えていない、記憶のない、しかしご自分の遠い過去の出来事が、また戻ってくる、還ってくるんですね、違った仕方で。わたしたちの人生って、そのような複雑な「還り」によって織られているような感じがしています。たとえば、二千年前に出会った人と再び出逢わなくてはならないとか。いわゆる「宿命」ということになりますが、でも、それこそがスピリチュアリティというものではないかと思います。

藤村　はい。スピリチュアリティは「命の宿」と言いましょうか。

　でもそうなると、関連して、もう一つ思うことがあるのですが、言わないほうがいいような気もするのですが、あえて言ってしまうと、それは、このわれわれの三次元空間ないし四次元時空の現実においてしか、できないことがあるということです。信仰とか宗教には、どこか、神は万能だからなんでもしてくれるみたいな都合のいい、勝手な人間の思いが反映されていることが多いわけですが、そうではなくて、われわれこの次元に生きている人間だけができることがある。そして、これまでに人間がやってきてしまった多くのことがある。まあ、「罪」という言葉で言いたくはないのですが、なにか、残り続けている負債のようなもの、そういうことを気にしないわけにはいかない。

だから、一方的に「わたしの願いをきいてね」みたいな「信仰」ではなく、また逆に「神を信じて赦してもらう」でもなく、みずからのスピリチュアリティを自覚して、それに従って、いま、この四次元時空現実のなかでなにをなすべきかを考えなければいけないように思うのです。いま、この空間、この時間のなかに存在しているということの「ありがたさ」と言いましょうか……ここでこそ出会える人がいる、ここでこそなすことができるミッションがある、せわしない、苦しい日常ではあるけれど、しかし心の片隅でいいから、そのような願い、いかなる欲もない純粋な願いを保っていきたいなあ、と思います。

あとがき――あなたとあなたの龍の物語のために

前作『スピリチュアル・コード』の「あとがき」を書いたのが2021年の年末でしたから、はやくも2年近い歳月が流れてしまいました。

それに続く第2弾の対談を行おうと藤村さんとも話し合っていたのでしたが、結局、2022年には取りかかることができず、本書のための対談がはじまったのが2023年の1月でした。

しかも、この間にウクライナ戦争をはじめとして、世界の状況は大きく変わり、全人類にかかわる大きな時代の変化がますます激しくなることが誰の眼にもはっきりしてきたのでした。それもあって、はたして今回、一冊の本に仕上げるのは難しいかな、と思いながら対談をはじめたので、それゆえに第1部では、まず本書を刊行することがどうなのか、とタロット・リーディングをしたりしたわけです。それが、いまなんとか、「あとがき」を書くところにまで至りました。

本書『龍を放つ』には多くの「人物」と「存在」が登場します。

そのすべての存在に、それぞれ多様な時間、そしてそれぞれの唯一の物語が展開します。それが、スピリチュアリティというものではないかと思います。

本書の終りのほうで藤村さんは「ようやく長い『序曲』が終わって、いよいよ次は明世さんの物語（劇）の本番がはじまるのでしょうか?」と言っておられますが、執筆と並行した「パラレルな時間」においては、本書で少し触れた「西のドラゴンの王」とのかかわりなど、さまざまな「物語」が、裏では、展開していました。もし、この対話プロジェクトの続きがあるとしたら、そこでは、そうしたヨーロッパを舞台にした「物語」の続きになるかもしれません。わたしがここで、「西のドラゴンの王」の詩を紹介したのも、そういう次の展開への布石であるかもしれないと感じています。

なお、表紙の絵は、本書のためにわたしが描いたものです。表紙をどうするかと検討していたこの夏のある朝、藤村さんからメールが入りました。そこには、「江ノ島の三体の女神のお姿のヴィジョンを描くのはどうでしょう?」という提案が書かれていました。ところが、なんと、まさにその朝、メールをいただく少し前に、わたしは、娘とともに江ノ島の辺津宮・中津宮・奥津宮に詣でていたのです。びっくりでした。これは、奥津宮の「暗闇天女さま」のメッセージが藤村さんに伝わったのだと理解しました。それで、本書の対談で語っている三体の女神さまの龍体ヴィジョンを描かせていただきました。

この本を手にして下さった読者のみなさまが、それぞれの「あなたの物語の龍」に出会うことが出来ますように。

そのように、心から願っております。

最後に、本書を書くにあたり、「わたしの龍の物語」に同伴して対話を行ってくださった共著の哲学者・藤村龍生先生に心からの感謝を申しあげます。

また、出版に尽力くださいました風詠社の大杉剛社長ならびにスタッフのみなさまに、深く御礼申し上げます。

そして、大好きな家族に、いつもありがとう、と。

２０２３年　秋分の日に

鶴見明世

鶴見明世（つるみ あきよ）

１９６２年生まれ、横浜市出身。タロット・リーダー、シャーマン、ヒーラー、スピリチュアル・アーティスト。２００５年、ドイツ国際ヒーリング協会から日本人で唯一の Outstanding-Healer 認定を受ける。２０１０年、ＮＰＯ 法人 IAOH-JAPAN 理事長就任。２０１１年、ドイツ・スイスインターナショナルホリスティック協会ボードメンバー就任。２０２０年、スピリチュアルな事象全般に対応するため、OfficeNIJI（オフィス虹）を設立。明解なリーディング、ハートフルなヒーリングを求めて訪れる人々の数は年間約1千人、トータルで3万人を超える。

Office NIJI

https://office-niji.com/

藤村龍生（ふじむら たつお）

１９５０年生まれ、東京都出身。哲学者・神秘思想研究家

龍を放つ―シャーマンと哲学者の対話

スピリチュアル・コードⅡ

2023年11月26日　第1刷発行

著　者　鶴見明世　藤村龍生

発行人　大杉　剛

発行所　株式会社 風詠社

〒553-0001　大阪市福島区海老江 5-2-2

大拓ビル 5 - 7 階

TEL 06（6136）8657　https://fueisha.com/

発売元　株式会社 星雲社

（共同出版社・流通責任出版社）

〒112-0005　東京都文京区水道 1-3-30

TEL 03（3868）3275

印刷・製本　シナノ印刷株式会社

ISBN978-4-434-32980-7 C0010